INTELIGENCIA ARTIFICIAL SIMPLIFICADA

Todo lo que debes saber

Hugo Soto

CONTENTS

Sistemas Autónomos

DEDICATORIA

Este libro está dedicado a las mentes curiosas en todas partes del mundo, a quienes tienen el deseo de aprender y adaptarse en un entorno tecnológico que evoluciona rápidamente. A quienes no se intimidan ante la complejidad de la inteligencia artificial, sino que se sienten inspirados por su potencial para transformar nuestro mundo.

Está dedicado a los soñadores, los innovadores y los solucionadores de problemas que ven la IA no como una amenaza, sino como una herramienta, un aliado para construir un futuro mejor. Esta dedicatoria es un testimonio del poder de la creatividad humana para aprovechar la tecnología en favor del bien común.

Honramos el espíritu de colaboración y la creencia de que la humanidad puede canalizar el progreso tecnológico de manera ética y eficaz. A todas las personas que se esfuerzan por empoderarse a través del conocimiento y la comprensión: este libro es para ustedes.

Mi deseo es que despierte tu curiosidad, encienda tu imaginación y te brinde la perspectiva y la confianza necesarias para navegar la revolución de la IA con propósito. Que no solo funcione como una guía sobre la tecnología en sí, sino también como una brújula para su uso consciente y responsable.

El futuro no es algo que deba temerse, sino un paisaje que puede moldearse. Te invitamos a unirte a nosotros en este camino.

INTRODUCCIÓN

La inteligencia artificial ya no es una fantasía futurista; está entretejida en el tejido de nuestra vida cotidiana. Desde las recomendaciones personalizadas en tus servicios de streaming hasta los asistentes de voz en tu teléfono inteligente, la IA está moldeando nuestras experiencias de manera silenciosa pero poderosa.

Pero más allá de la comodidad y el entretenimiento, la influencia de la IA se extiende a casi todos los sectores: transforma la salud, el transporte, las finanzas, la educación e incluso la creatividad. Entender la inteligencia artificial ya no es un lujo; es una necesidad.

Este libro es tu guía completa pero accesible para navegar esta tecnología transformadora. Exploramos los conceptos fundamentales de la IA, explicando ideas complejas en un lenguaje sencillo. Nuestro enfoque está en la claridad y en las aplicaciones prácticas, evitando tecnicismos innecesarios.

Aprenderás cómo la IA está cambiando el lugar de trabajo, redefiniendo los mercados laborales y generando nuevas oportunidades. También abordaremos las dimensiones éticas de esta tecnología, incluyendo temas como el sesgo algorítmico, la privacidad de los datos y la propagación de la desinformación.

Además de la teoría, este libro ofrece orientación práctica y aplicable sobre el uso de herramientas populares de IA como ChatGPT y Midjourney. Desarrollarás habilidades valiosas para aprovechar estas tecnologías tanto en tu vida personal como profesional.

A través de ejemplos reales, estudios de caso y conocimientos de expertos, buscamos ofrecer una visión completa de lo que la IA puede hacer hoy—y lo que podría permitir mañana. Pero, sobre todo, mi objetivo es empoderarte. Quiero que no solo comprendas la inteligencia artificial, sino que te sientas con la confianza necesaria para participar en su evolución con propósito e integridad.

Así que emprendamos este viaje juntos, descubriendo los misterios de la inteligencia artificial y desbloqueando todo su potencial transformador.

PREFACIO

Inteligencia artificial. El simple término evoca imágenes de robots conscientes, futuros distópicos y la inminente amenaza de una singularidad tecnológica, ideas impulsadas con más frecuencia por la ciencia ficción que por hechos científicos. Pero la realidad de la IA es mucho más matizada y, sinceramente, mucho más accesible de lo que muchas personas imaginan.

Este libro corta de raíz el sensacionalismo y el alarmismo para ofrecer una explicación clara y directa de qué es la inteligencia artificial, cómo funciona y—lo más importante—cómo impacta tu vida hoy y seguirá moldeando tu futuro.

Hemos diseñado esta guía pensando en quienes no son expertos. No necesitas tener conocimientos previos en ciencias de la computación ni en matemáticas. A través de un lenguaje conversacional, ejemplos del mundo real y analogías fáciles de entender, buscamos desmitificar incluso los conceptos más complejos.

Ya seas un ciudadano preocupado, un estudiante curioso, un profesional con visión de futuro, o simplemente alguien que quiere comprender la tecnología que está transformando nuestro mundo, este libro es tu guía esencial. Nuestro objetivo es brindarte conocimientos prácticos, estrategias aplicables y una lista de preparación para el futuro que te ayude a prosperar en un mundo impulsado por la IA.

Al terminar de leer, esperamos que no solo comprendas mejor qué es la inteligencia artificial, sino que también te sientas con la confianza necesaria para aprovechar su potencial, tanto a nivel personal como profesional. Esto no se trata de ser un espectador pasivo de la revolución de la IA, sino de asumir un papel activo en la construcción de su futuro.

Comencemos.

INTELIGENCIA ARTIFICIAL SIMPLIFICADA

DEFINIENDO LA IA: SEPARANDO LOS HECHOS DE LA FICCIÓN

Inteligencia artificial. El término evoca imágenes de robots conscientes, computadoras autoconscientes y un futuro donde las máquinas superan la inteligencia humana. La ciencia ficción ha creado una poderosa mezcla de fascinación y temor, que a menudo distorsiona nuestra comprensión de la IA. Pero la realidad actual de la inteligencia artificial es mucho más matizada—y en muchos sentidos, menos dramática—de lo que la cultura popular nos hace creer.

Este capítulo tiene como objetivo separar la ciencia real de la ciencia ficción. Ofreceremos una definición clara y accesible de la IA, desmontando algunos de los mitos más comunes en el camino.

Una de las distinciones más importantes es la que existe entre la exageración mediática y la realidad. Las narrativas en los medios a menudo presentan a la IA como una fuerza única y todopoderosa, lista para transformar el mundo de la noche a la mañana. Esa visión es engañosa. La inteligencia artificial no es una sola tecnología. Es un campo amplio y en constante evolución compuesto por múltiples técnicas, herramientas y aplicaciones. Imagina una caja de herramientas: algunas herramientas son altamente especializadas y eficaces en contextos muy específicos, mientras que otras son más generales, pero aún están lejos de alcanzar una inteligencia comparable a la humana.

Comencemos con la forma más común de IA hoy en día: la IA estrecha, también conocida como IA débil. Estos sistemas están diseñados para realizar una tarea específica con gran eficacia. Por ejemplo, el filtro de spam de tu correo electrónico es un tipo de IA estrecha. También lo son los motores de recomendación en plataformas como Netflix o Spotify, o el software de reconocimiento facial que desbloquea tu teléfono. Estos sistemas son altamente competentes en sus tareas designadas, pero no pueden operar fuera de su programación ni adaptarse por sí mismos a situaciones nuevas.

En contraste, la IA general—o IA fuerte—se refiere al desarrollo hipotético de máquinas con habilidades cognitivas a nivel humano. Una IA general sería capaz de aprender, razonar, resolver problemas y adaptarse a una amplia gama de tareas, tal como lo hace un ser humano. A día de hoy, la IA general no existe. A pesar de los avances en diversas áreas de investigación, todavía estamos lejos de construir máquinas que puedan igualar la inteligencia humana de forma integral y flexible. Películas como *Her* o *Ex Machina* retratan este tipo de IA: sistemas con inteligencia emocional, comprensión matizada e incluso conciencia. Estas representaciones siguen perteneciendo al ámbito de la ficción.

Luego está el concepto de superinteligencia: una IA que superaría la inteligencia humana en todos los dominios, incluyendo la creatividad, la toma de decisiones y la conciencia emocional. Esta idea genera tanto entusiasmo como preocupación entre investigadores y filósofos. Mientras algunos advierten sobre los riesgos de una superinteligencia sin control, otros destacan sus beneficios potenciales. Lo importante es que la superinteligencia no es algo que estemos a punto de lograr. Sigue siendo una posibilidad teórica, no una realidad actual. Las discusiones sobre este tema suelen adentrarse en terrenos filosóficos, abordando cuestiones de seguridad, ética y el verdadero significado de la inteligencia.

Para comprender mejor el estado actual de la IA, es útil revisar brevemente su historia. Sus raíces se remontan a mediados del siglo XX, cuando pioneros como Alan Turing comenzaron a sentar las bases teóricas. Las primeras décadas estuvieron marcadas por un optimismo audaz, especialmente cuando las computadoras empezaron a resolver problemas matemáticos y a jugar ajedrez. Pero el campo también enfrentó múltiples retrocesos. Estos llamados "inviernos de la IA" fueron periodos en los que el progreso se estancó, la financiación disminuyó y el entusiasmo del público se desvaneció, en gran parte debido a las limitaciones del poder computacional y a la inmadurez de los algoritmos de la época.

El rumbo comenzó a cambiar a finales del siglo XX y principios del XXI. Varios desarrollos clave—procesadores más rápidos, una abundancia de datos y algoritmos más sofisticados—ayudaron a encender una nueva era de innovación en IA. En el centro de este resurgimiento se encuentra el aprendizaje automático, un método que permite a las computadoras aprender a partir de datos en lugar de seguir únicamente instrucciones programadas. Estos sistemas identifican patrones, se adaptan a nuevas entradas y mejoran con el tiempo, lo que ha llevado a avances significativos en áreas como el reconocimiento de imágenes, la traducción de idiomas y el procesamiento del habla.

El renacimiento actual de la inteligencia artificial se debe en gran parte al impacto y la accesibilidad del aprendizaje automático. La capacidad de entrenar modelos potentes con enormes volúmenes de datos ha transformado industrias como la salud, las finanzas, la educación y el entretenimiento. A menudo, estas tecnologías operan silenciosamente en segundo plano, influyendo sutilmente en nuestras decisiones y experiencias. Comprender cómo funcionan—y dónde están sus límites—es esencial en el mundo de hoy.

Entonces, ¿qué es exactamente la inteligencia artificial? En esencia, se refiere a sistemas computacionales capaces de realizar tareas que normalmente requieren inteligencia humana. Esto incluye desde el reconocimiento de voz e imágenes hasta la generación de recomendaciones, la predicción de resultados o la resolución de juegos de estrategia. Sin embargo, es importante no antropomorfizar a la IA. Las máquinas no sienten, piensan ni comprenden como los seres humanos. Simulan inteligencia a través del reconocimiento de patrones y el procesamiento de datos, no mediante conciencia ni emociones. Reconocer esta diferencia nos ayuda a mantener expectativas realistas.

A medida que la IA continúe evolucionando, sus definiciones y límites también podrían cambiar. Surgirán nuevas técnicas. Las capacidades se ampliarán. Pero, en esencia, la inteligencia artificial sigue siendo un conjunto de herramientas—una colección poderosa y en expansión de tecnologías diseñadas para resolver problemas y automatizar tareas con una eficiencia cada vez mayor.

Separar los hechos de la ficción es el primer paso para utilizar estas herramientas con sabiduría. Solo entendiendo tanto el potencial como las limitaciones de la IA actual podremos tomar decisiones informadas y responsables sobre cómo darle forma a su futuro. La historia de la inteligencia artificial aún se está escribiendo, y todos tenemos un papel que desempeñar en lo que viene.

LOS PILARES DE LA IA: ALGORITMOS, DATOS Y APRENDIZAJE AUTOMÁTICO

Adentrémonos en los componentes esenciales que hacen funcionar los sistemas de inteligencia artificial. En su nivel más básico, la IA se construye sobre tres pilares clave: algoritmos, datos y aprendizaje automático. Piénsalo como si estuvieras horneando un pastel: la receta es el algoritmo, los ingredientes son los datos, y el acto de hornear y ajustar la receta según el resultado es el aprendizaje automático.

Los algoritmos son conjuntos de instrucciones que le indican a una computadora qué hacer. Son procedimientos precisos y secuenciales, muy parecidos a una receta de cocina. Un algoritmo simple puede ordenar una lista de números comparando cada elemento y acomodándolos en orden ascendente. Los algoritmos más complejos impulsan los sistemas avanzados de IA, pero el principio central es el mismo: una serie estructurada de operaciones diseñadas para lograr un resultado específico. Estos algoritmos no se crean al azar— son cuidadosamente desarrollados por ingenieros y científicos utilizando conocimientos de matemáticas, estadística y ciencias de la computación.

La efectividad de cualquier algoritmo depende de su claridad, eficiencia y adecuación a la tarea. Un algoritmo mal diseñado puede arrojar resultados inexactos o tardar tanto en ejecutarse que se vuelve inútil en entornos reales.

Igualmente importante es la calidad de los datos—los "ingredientes" de la IA. Los sistemas de inteligencia artificial aprenden a partir de datos, y su rendimiento mejora a medida que se exponen a conjuntos de datos más grandes y de mayor calidad. Los datos pueden adoptar muchas formas: imágenes, texto, números, grabaciones de audio o lecturas de sensores—cualquier cosa que pueda representarse digitalmente. Por ejemplo, un sistema de reconocimiento facial aprende a identificar rostros analizando millones de imágenes etiquetadas con identidades específicas. Estas imágenes etiquetadas sirven como datos de entrenamiento, permitiendo que el algoritmo detecte patrones en los rasgos faciales. Si el conjunto de datos contiene imágenes borrosas o etiquetas incorrectas, la precisión del sistema disminuye. Peor aún, si los datos reflejan sesgos sociales existentes, el algoritmo puede aprender y amplificar esos mismos sesgos. Este es un problema serio y un foco central en la investigación actual de la IA.

Entonces, ¿cómo aprende realmente un sistema de IA a partir de estos datos? Aquí es donde entra en juego el aprendizaje automático. El aprendizaje automático no se trata de programar reglas de forma manual, sino de permitir que los sistemas identifiquen patrones e infieran reglas a partir de los datos por sí mismos.

Imagina que estás enseñando a un niño a reconocer un gato. No lo harías dándole una lista detallada de reglas; en cambio, le mostrarías muchas imágenes de gatos y le señalarías las características comunes—pelaje, bigotes, orejas puntiagudas. Con el tiempo, el niño aprende observando. El aprendizaje automático funciona de forma similar. Los algoritmos procesan los datos, reconocen patrones y construyen modelos capaces de hacer predicciones o tomar decisiones con base en nueva información.

Existen varios tipos de aprendizaje automático, cada uno adecuado para tareas diferentes:

- **Aprendizaje supervisado**: implica entrenar el modelo con datos etiquetados—conjuntos de datos donde cada entrada tiene la respuesta correcta. Es como mostrarle al niño imágenes de animales marcadas como "gato" o "no gato".

- **Aprendizaje no supervisado**: trabaja con datos sin etiquetar, permitiendo que el sistema detecte patrones o agrupaciones por sí solo. Es similar a dejar que el niño explore imágenes sin guía y encuentre similitudes.

- **Aprendizaje por refuerzo**: se basa en el ensayo y error, con retroalimentación en forma de recompensas o penalizaciones. Imagina que el niño recibe elogios cuando identifica correctamente a un gato y una corrección suave cuando lo confunde con un perro.

La elección del tipo de aprendizaje y del algoritmo depende de la tarea y de la naturaleza de los datos. Un filtro de spam, por ejemplo, generalmente utiliza aprendizaje supervisado sobre correos electrónicos etiquetados. Un motor de recomendaciones podría usar aprendizaje no supervisado para agrupar a los usuarios según sus preferencias. Las inteligencias artificiales que juegan ajedrez o Go suelen recurrir al aprendizaje por refuerzo, afinando sus estrategias tras jugar miles de partidas y ajustarse según los resultados.

Volvamos al reconocimiento facial como ejemplo. Estos sistemas usan algoritmos avanzados para analizar patrones de píxeles, midiendo la distancia entre puntos clave del rostro como los ojos y la nariz. Muchos de estos sistemas se basan en *deep learning* (aprendizaje profundo), un tipo de aprendizaje automático que utiliza redes neuronales artificiales para identificar patrones complejos en grandes volúmenes de datos. El aprendizaje profundo ha permitido mejoras impresionantes en la identificación facial, aunque también hereda los mismos riesgos de sesgo si los datos de entrenamiento no son diversos ni representativos.

Otra aplicación poderosa de la IA es el *procesamiento de lenguaje natural* (PLN), que permite a las computadoras comprender y generar lenguaje humano. Herramientas como los chatbots, los asistentes virtuales y los traductores en tiempo real dependen de algoritmos que interpretan la gramática, el significado y el contexto. Estos sistemas se entrenan con enormes cantidades de texto, lo que les ayuda a aprender desde escritura formal hasta jerga y expresiones idiomáticas. El surgimiento de modelos de lenguaje de gran escala como GPT-3 y GPT-4 demuestra cuán lejos ha llegado el PLN. Sin embargo, persisten preocupaciones sobre la desinformación, los sesgos y el uso ético de estas herramientas.

Aunque los mecanismos detrás de la IA pueden parecer complejos, los conceptos fundamentales son sencillos. Los algoritmos proporcionan las instrucciones. Los datos son la materia prima. El aprendizaje automático transforma ambos en comportamientos inteligentes. El verdadero poder de la IA no reside en un solo componente, sino en la interacción entre todos ellos. Cuando se combinan de manera efectiva, permiten que los sistemas realicen tareas que antes requerían inteligencia humana.

Pero es esencial recordar que la IA no es magia. Estos sistemas son herramientas. Reflejan los datos con los que fueron entrenados, las decisiones tomadas por sus diseñadores y las suposiciones incorporadas en sus algoritmos. Comprender estos pilares es clave para usar la IA de manera responsable. A medida que la tecnología sigue evolucionando, también debe hacerlo nuestra conciencia sobre sus impactos éticos, sociales y económicos.

En última instancia, el futuro de la inteligencia artificial dependerá no solo de la innovación, sino también de la reflexión cuidadosa sobre sus consecuencias. Al entender cómo funciona la IA—y cómo puede fallar—nos posicionamos mejor para moldear un futuro donde esta tecnología beneficie a toda la sociedad.

TIPOS DE INTELIGENCIA ARTIFICIAL: ESTRECHA, GENERAL Y SUPERINTELIGENCIA

Ahora que hemos cubierto los componentes fundamentales de la IA—algoritmos, datos y aprendizaje automático—es momento de enfocarnos en los diferentes tipos de sistemas de inteligencia artificial. Una de las formas más útiles de clasificar la IA es por su alcance y capacidad. En términos generales, la IA puede dividirse en tres tipos: IA estrecha (o débil), IA general (o fuerte) y superinteligencia.

La **IA estrecha** es el tipo más común en uso hoy en día. También conocida como IA débil, estos sistemas están diseñados para realizar una sola tarea—o un conjunto muy limitado de tareas—de manera altamente eficaz. Probablemente ya has interactuado con IA estrecha a través de asistentes digitales como Siri, Alexa o el Asistente de Google. Estas herramientas pueden comprender comandos de voz, brindar información y ejecutar funciones específicas como establecer recordatorios o reproducir música. Sin embargo, operan estrictamente dentro de los límites de su programación. No pueden escribir una novela, resolver problemas matemáticos no relacionados, ni mantener conversaciones profundas y espontáneas fuera de sus parámetros definidos.

Otros ejemplos incluyen los filtros de spam, los sistemas de recomendación en plataformas como Netflix o Amazon, y las herramientas de reconocimiento de imágenes utilizadas en autos autónomos. Estos sistemas sobresalen en lo que fueron diseñados para hacer, pero carecen de la flexibilidad y la capacidad de razonamiento amplio que caracteriza a los seres humanos. Su inteligencia está enfocada y es altamente especializada.

Las limitaciones de la IA estrecha son fáciles de identificar. Una IA que juega ajedrez puede vencer a un gran maestro, pero no sabría doblar ropa ni entender un chiste. Estos sistemas están diseñados sobre conjuntos de datos curados y algoritmos específicos que optimizan su rendimiento dentro de límites estrictos. Si se les pide operar fuera de esos parámetros, generalmente fallan. Aunque la IA estrecha es poderosa y muy útil, resalta claramente la brecha entre las tecnologías actuales y el tipo de inteligencia general y adaptable que asociamos con los seres humanos.

La **IA general**, también conocida como IA fuerte o inteligencia artificial general (AGI, por sus siglas en inglés), representa un salto significativo. La AGI tendría una capacidad cognitiva similar a la humana—podría aprender, razonar, resolver problemas, adaptarse a nuevas situaciones e incluso demostrar creatividad y conciencia emocional. Un sistema así podría desempeñarse eficazmente en múltiples dominios, tal como lo haría una persona.

Sin embargo, la AGI sigue siendo un concepto teórico. Aún no hemos creado un sistema que iguale la inteligencia humana de forma general y flexible. Los obstáculos son enormes. Todavía no entendemos completamente cómo funciona el cerebro humano, lo que hace extremadamente difícil replicarlo. Además, desarrollar algoritmos que puedan generalizar conocimientos en contextos diversos y aplicarlos de manera dinámica es un problema aún no resuelto. La AGI también requeriría arquitecturas computacionales mucho más avanzadas que las disponibles actualmente.

Más allá de los retos técnicos, la AGI plantea serias preguntas éticas y sociales. ¿Cómo garantizaríamos que un sistema así actúe en alineación con los valores humanos? ¿Qué salvaguardas serían necesarias para evitar su uso indebido o consecuencias no deseadas? Estas no son solo preguntas de ingeniería; son cuestiones profundamente filosóficas que requieren la participación de éticos, legisladores y de la sociedad en general.

A pesar de las incertidumbres, el potencial de la AGI es muy atractivo. Podría revolucionar campos como la ciencia, la medicina y la gestión ambiental. Pero los riesgos también son enormes, especialmente si estos sistemas actúan de forma autónoma e impredecible. El desarrollo responsable, la supervisión clara y la cooperación global serán esenciales para guiar este camino.

La **superinteligencia** va más allá de la AGI y se refiere a una IA que supera la inteligencia humana en todas las áreas medibles. Un sistema así sería capaz de tomar decisiones, resolver problemas y generar ideas a niveles mucho más allá de nuestra comprensión. Podría impulsar avances enormes en el conocimiento, la innovación y la solución de problemas complejos.

Al mismo tiempo, la superinteligencia presenta algunos de los riesgos más serios y especulativos. Si un sistema así operara fuera de nuestro control o malinterpretara las intenciones humanas, podría provocar consecuencias no deseadas o incluso catastróficas. Esta preocupación es un tema recurrente tanto en el debate académico como en la cultura popular. Mientras algunos creen que la superinteligencia podría ser la clave para resolver los grandes desafíos de la humanidad, otros advierten sobre amenazas existenciales si su desarrollo no se gestiona cuidadosamente.

La conversación en torno a la superinteligencia está llena de escenarios hipotéticos, muchos de ellos basados en incógnitas. Por eso es importante abordar este tema con curiosidad, pero también con cautela. No debemos descartar su potencial, ni asumir que entendemos completamente sus implicaciones. El desarrollo de una IA altamente avanzada exige planificación cuidadosa, diálogo transparente y marcos éticos proactivos.

También vale la pena señalar que los límites entre la IA estrecha, la IA general y la superinteligencia no siempre están claramente definidos. La progresión de un nivel al siguiente puede no ser lineal. De hecho, los sistemas de IA estrecha cada vez más potentes podrían, con el tiempo, sentar las bases para la AGI. De manera similar, los avances en AGI podrían eventualmente conducir a sistemas superinteligentes. El camino hacia adelante estará determinado no solo por los avances tecnológicos, sino por las decisiones que tomemos como sociedad.

La investigación continua es vital para comprender tanto las oportunidades como los riesgos de cada tipo de IA. Solo al considerar sus impactos éticos, sociales y económicos de forma integral, podemos asegurarnos de que la IA evolucione en una dirección que beneficie a la humanidad.

El viaje hacia sistemas de IA más avanzados requiere una reevaluación constante de nuestros objetivos, responsabilidades y valores. A medida que ampliamos los límites de lo que las máquinas pueden hacer, también debemos profundizar nuestro compromiso con el bienestar humano. La colaboración abierta entre investigadores, gobiernos y el público será esencial. El futuro de la IA no es inevitable: es algo que construiremos juntos.

LA IA EN LA VIDA COTIDIANA: REVELANDO LA INTELIGENCIA INVISIBLE

Ya hemos explorado los conceptos fundamentales de la inteligencia artificial y sus principales clasificaciones: IA estrecha, IA general y la frontera especulativa de la superinteligencia. Ahora es momento de centrarnos en algo más tangible: cómo la IA se integra en nuestras rutinas diarias. A menudo invisible pero profundamente incrustada en nuestras experiencias, la IA moldea la manera en que vivimos, trabajamos e interactuamos con el mundo. Ya no es una fantasía futurista; es una fuerza silenciosa que opera detrás de muchas de las comodidades que damos por sentadas.

Piensa en tu mañana. ¿Te despertó el suave sonido de una alarma inteligente? Estos dispositivos analizan tus patrones de sueño para despertarte en el momento óptimo para sentirte alerta. ¿Deslizaste el dedo por un feed de noticias personalizado? Ese feed está impulsado por algoritmos que predicen tus intereses en función de tu comportamiento previo. Tal vez tu cafetera inteligente preparó tu bebida matutina, calentando el agua a tu temperatura preferida antes de que entraras a la cocina.

Cada una de estas acciones aparentemente simples está impulsada por sofisticados sistemas de IA. Aunque puedan parecer triviales, ilustran cuán profundamente la inteligencia artificial está integrada incluso en los aspectos más mundanos de la vida moderna. Entender cómo funcionan estas tecnologías nos permite interactuar con ellas de manera más consciente y responsable.

Tomemos, por ejemplo, las recomendaciones de Netflix. El algoritmo no sugiere programas al azar. Utiliza modelos de aprendizaje automático que analizan tu historial de visualización, tus valoraciones y patrones de usuarios con preferencias similares. Con el tiempo, construye un perfil complejo para predecir qué te gustará ver a continuación. Esta experiencia personalizada aumenta la satisfacción y mantiene tu interés, aunque todo ocurra silenciosamente en segundo plano.

Plataformas de música como Spotify o Apple Music hacen algo similar. Sus motores de recomendación estudian tu historial de escucha, tus géneros favoritos e incluso la hora del día en que sueles reproducir cierto tipo de música. El resultado es una experiencia personalizada que evoluciona contigo. No necesitas entender cómo funciona el sistema para beneficiarte de él, pero conocer su funcionamiento nos ayuda a ser consumidores más críticos.

La navegación GPS es otro ejemplo claro del uso de la IA. Lo que parece una tarea sencilla—llegar del punto A al punto B—implica una red de algoritmos que analizan el tráfico, cierres de calles, zonas en construcción y retrasos en tiempo real. A medida que las condiciones cambian, el sistema actualiza tu ruta en el momento, optimizando tu tiempo de viaje. Este tipo de adaptabilidad es una de las fortalezas clave de la IA: la toma de decisiones basada en datos en entornos dinámicos.

En el hogar, la IA está transformando la forma en que vivimos.

Dispositivos como Alexa o Google Home responden a comandos de voz, permitiéndote controlar la iluminación, la temperatura, la música e incluso los electrodomésticos. Refrigeradores inteligentes pueden llevar un control del inventario, sugerir recetas y pedir víveres automáticamente cuando los suministros escasean. Estos dispositivos interconectados forman la base del "hogar inteligente", ofreciendo mayor comodidad y eficiencia. Automatizan tareas rutinarias y liberan espacio mental para actividades más significativas.

La influencia de la IA va mucho más allá de la electrónica de consumo. En el ámbito de la salud, los algoritmos ayudan en el diagnóstico médico analizando imágenes como radiografías o resonancias magnéticas, permitiendo detectar enfermedades con mayor precisión y rapidez. La IA acelera el descubrimiento de medicamentos, predice resultados clínicos y ayuda a personalizar planes de tratamiento. Estas aplicaciones están transformando la atención médica—pero también plantean serias cuestiones sobre privacidad de los datos, transparencia y la necesidad de validación rigurosa.

Si bien la comodidad que ofrece la IA es atractiva, es importante reconocer sus posibles desventajas. Las recomendaciones personalizadas pueden crear burbujas de información, limitando nuestra exposición a puntos de vista diversos y reforzando sesgos. Los datos recolectados por dispositivos inteligentes generan preocupaciones legítimas sobre privacidad: ¿cómo se almacena esa información y quién tiene acceso a ella? Y a medida que los sistemas de IA asumen responsabilidades críticas—como conducir vehículos autónomos o tomar decisiones médicas—los riesgos aumentan. Debemos asegurarnos de que estos sistemas sean confiables, seguros y estén probados en condiciones del mundo real.

Una preocupación emergente es el auge de los *deepfakes*—videos falsos pero realistas generados por IA. Estos videos pueden imitar a personas con una precisión sorprendente, haciendo difícil distinguir entre realidad y ficción. Los *deepfakes* se han utilizado para difundir desinformación, dañar reputaciones e incluso incitar disturbios. Abordar este desafío requiere una combinación de soluciones tecnológicas, concienciación pública y marcos legales sólidos.

A medida que la IA continúa moldeando nuestras vidas, comprender tanto sus beneficios como sus limitaciones se vuelve esencial. Debemos reconocer cómo influye en nuestras decisiones, cuestionar las suposiciones detrás de los sistemas que utilizamos y participar en discusiones informadas sobre sus implicaciones éticas. Esto exige educación continua, pensamiento crítico y transparencia por parte de quienes desarrollan la tecnología.

Mirando hacia el futuro, la IA está lista para integrarse aún más profundamente en la sociedad. Eso traerá oportunidades—para mejorar la productividad, optimizar la salud y personalizar la educación—pero también presentará desafíos. Debemos asegurarnos de que los sistemas de inteligencia artificial se desarrollen de forma responsable, con salvaguardas que respeten los valores humanos. Alcanzar esa visión requerirá no solo innovación, sino colaboración entre disciplinas, industrias y fronteras.

Este camino demandará liderazgo consciente, principios éticos claros y un compromiso con poner a las personas en primer lugar. Con una guía adecuada, la IA puede convertirse en una fuerza que empodere en lugar de dominar, que apoye en lugar de controlar. El futuro de la inteligencia artificial no depende solo de lo que construyamos, sino de cómo y por qué lo construimos.

EL FUTURO DE LA IA: PREDICCIONES Y POSIBILIDADES

Como hemos visto, la inteligencia artificial ya está profundamente integrada en nuestra vida cotidiana. Pero ¿qué nos espera más adelante? Si bien predecir el futuro nunca es una ciencia exacta, las tendencias actuales y las tecnologías emergentes nos ofrecen pistas valiosas sobre hacia dónde se dirige la IA. En lugar de caer en la ciencia ficción o en la especulación alarmista, este capítulo explora trayectorias realistas y plausibles basadas en los desarrollos de hoy y las necesidades de mañana.

Uno de los campos más prometedores para la innovación en IA es el de la **salud**. Ya hablamos del papel de la IA en diagnósticos y descubrimiento de fármacos, pero su potencial va mucho más allá. Imagina asistentes personales de salud impulsados por IA que monitorean tus signos vitales en tiempo real, ofrecen alertas tempranas sobre posibles problemas de salud y recomiendan cambios en el estilo de vida para prevenir enfermedades. Con acceso al perfil genético y al historial médico de una persona, la IA podría personalizar planes de tratamiento con la máxima eficacia y el mínimo de efectos secundarios.

La IA también podría mejorar la **precisión quirúrgica**, haciendo los procedimientos menos invasivos y acortando los tiempos de recuperación. Dispositivos asistenciales y prótesis inteligentes podrían ofrecer movilidad e independencia a personas con discapacidades. No obstante, estos avances conllevan desafíos importantes: proteger los datos médicos sensibles es crucial, y los sistemas deben ser rigurosamente validados para evitar sesgos en diagnósticos o tratamientos. También surgen preocupaciones éticas cuando la IA participa en decisiones de vida o muerte, lo que exige regulaciones transparentes y colaboración interdisciplinaria entre científicos, médicos, éticos y legisladores.

Otro ámbito al borde de la transformación es el **transporte**. Los autos autónomos, que ya están en desarrollo y pruebas, prometen carreteras más seguras, menos tráfico y un uso más eficiente del combustible. La gestión del tránsito impulsada por IA podría reducir los tiempos de traslado mediante el redireccionamiento dinámico de vehículos en tiempo real. Los servicios de entrega autónomos podrían revolucionar la logística, aumentando la velocidad y confiabilidad en las cadenas de suministro.

Sin embargo, su adopción generalizada dependerá del establecimiento de **estándares de seguridad sólidos**, la prevención de amenazas cibernéticas y decisiones cuidadosas sobre la responsabilidad legal y la supervisión humana. Además, la posible **desplazamiento laboral** en sectores como el transporte de carga o los servicios de transporte compartido requerirá iniciativas de reentrenamiento y apoyo económico para los trabajadores afectados.

En el terreno de la **comunicación**, la IA continúa evolucionando. Las herramientas de traducción están derribando barreras lingüísticas, y los asistentes virtuales se vuelven más inteligentes y receptivos. Estas tecnologías prometen una experiencia de comunicación más fluida y personalizada, adaptando mensajes y contenidos según el contexto y el comportamiento del usuario.

Pero esta personalización creciente también conlleva riesgos. El auge de los *deepfakes*—videos y audios generados por IA que imitan a personas reales con gran realismo—amenaza seriamente la confianza y la autenticidad. Estas herramientas pueden ser utilizadas para difundir desinformación, manipular la opinión pública o dañar reputaciones. Combatir estos abusos requerirá una combinación de soluciones tecnológicas, alfabetización mediática sólida y marcos legales y éticos bien definidos.

En un sentido más amplio, la IA transformará prácticamente **todos los sectores** de la sociedad, desde la educación y las finanzas hasta la agricultura y la manufactura. La automatización reemplazará algunos trabajos, pero también creará otros nuevos—especialmente en áreas que requieren supervisión, diseño y gobernanza ética de sistemas de IA. Esta transformación exige una inversión significativa en educación, reentrenamiento laboral y alfabetización digital, para garantizar una participación inclusiva en una economía impulsada por la inteligencia artificial.

A medida que la IA se vuelve más poderosa, las **implicaciones éticas** se vuelven más urgentes. ¿Quién es responsable cuando una IA toma una decisión perjudicial? ¿Cómo prevenimos la discriminación incrustada en los algoritmos? ¿Cómo construimos sistemas que reflejen una diversidad de valores, y no solo las prioridades de sus desarrolladores?

Prepararse para el futuro implica mucho más que innovaciones técnicas. Necesitamos políticas públicas, regulaciones y participación ciudadana que aseguren que el desarrollo de la IA esté alineado con principios democráticos. Los sistemas educativos deben evolucionar para enseñar no solo habilidades técnicas, sino también pensamiento crítico y ética digital. La transparencia en los procesos de desarrollo y la rendición de cuentas pública serán esenciales para prevenir abusos y construir confianza.

El futuro no es algo que simplemente nos sucede—es algo que ayudamos a crear. Nuestras decisiones colectivas determinarán si la IA será una herramienta de empoderamiento o una fuente de división. Por eso, debemos abordarla con ambición, pero también con precaución; abrazar sus beneficios, sin ignorar sus riesgos.

Este camino requiere más que ingeniería inteligente: requiere **responsabilidad compartida**. Los desarrolladores deben construir con equidad y transparencia. Los responsables de políticas deben implementar marcos que protejan a las personas y fomenten la innovación. La ciudadanía debe mantenerse informada, hacer preguntas difíciles y exigir prácticas éticas.

La **cooperación global** también será esencial. La IA es una fuerza mundial, y su desarrollo debe reflejar un compromiso con valores compartidos. La colaboración internacional en investigación, modelos de acceso abierto y estándares conjuntos pueden ayudar a que los beneficios de la IA se distribuyan ampliamente, en lugar de concentrarse en unos pocos.

El futuro de la inteligencia artificial no es un destino fijo—es una historia en constante evolución. Cada decisión que tomamos, cada sistema que construimos y cada política que aplicamos añade un nuevo capítulo. La verdadera pregunta no es si la IA cambiará el mundo—es **cómo** vamos a guiar ese cambio.

Estamos en una encrucijada. Con previsión, ética y un compromiso firme con el bienestar humano, la IA puede convertirse en una de las herramientas de progreso más poderosas jamás creadas. El futuro de la IA no se trata solo de máquinas—se trata de personas, valores y del tipo de mundo que queremos construir juntos.

EL IMPACTO DE LA IA EN EL TRABAJO: AUTOMATIZACIÓN Y NUEVAS OPORTUNIDADES

El rápido avance de la inteligencia artificial no solo está transformando nuestras experiencias cotidianas, sino también la naturaleza misma del trabajo. Su impacto es multifacético: está alterando ciertos sectores laborales, pero al mismo tiempo está generando nuevas oportunidades. Este cambio, aunque potencialmente inquietante, también representa una oportunidad de crecimiento social, siempre que se aborde con planificación estratégica y una adaptación proactiva.

Uno de los efectos más visibles de la IA en el empleo es la **automatización**. Tareas repetitivas y manuales que durante décadas fueron el pilar de muchas industrias están siendo cada vez más asumidas por sistemas impulsados por inteligencia artificial. En la manufactura, brazos robóticos guiados por algoritmos avanzados ejecutan tareas con rapidez, precisión y consistencia inagotable. Las líneas de ensamblaje, que antes requerían grandes cantidades de mano de obra, se están volviendo más eficientes y menos dependientes del trabajo manual. Tendencias similares de automatización son evidentes en la logística y el almacenamiento, donde los vehículos guiados automáticamente (AGV) y los sistemas robóticos de clasificación mejoran la precisión y la velocidad.

Sin embargo, **automatización no significa únicamente reemplazo de empleos**, también implica su **transformación y mejora**. Los sistemas de IA pueden liberar a los trabajadores de tareas rutinarias, permitiéndoles enfocarse en roles creativos, estratégicos o de supervisión. Por ejemplo, un operario de fábrica puede pasar de ensamblar físicamente piezas a supervisar sistemas automatizados, identificar fallos y proponer mejoras en los procesos. Aunque esta transición requiere recapacitación, también ofrece la posibilidad de mayor productividad y satisfacción laboral.

La **industria del servicio al cliente** está experimentando una transformación similar. Chatbots y asistentes virtuales con IA manejan consultas rutinarias, lo que permite que los agentes humanos se concentren en interacciones más complejas y empáticas. Aunque algunos roles tradicionales pueden desaparecer, están surgiendo nuevas oportunidades para profesionales que diseñan y optimizan estos sistemas, analizan datos de clientes y mejoran la experiencia de usuario.

En el **sector de la salud**, la influencia de la IA sigue creciendo. Herramientas de IA asisten a los médicos en el diagnóstico temprano y preciso de enfermedades, mejorando los resultados clínicos. Pero en lugar de reemplazar a los profesionales de la salud, estas herramientas complementan su experiencia. Los médicos siguen siendo esenciales para interpretar los resultados generados por IA y para gestionar casos complejos. La creciente demanda de profesionales que sepan integrar la IA en los flujos de trabajo clínicos resalta la necesidad de formación tanto en medicina como en tecnología.

El **sector financiero** también está experimentando cambios significativos. Plataformas de inversión algorítmica toman decisiones rápidas basadas en datos de mercado, mientras que sistemas de IA detectan fraudes mediante la identificación de anomalías sutiles en las transacciones. Aunque algunos roles tradicionales están desapareciendo, están surgiendo nuevas profesiones en áreas como ciencia de datos, ética de la IA y gestión de riesgos. Estos nuevos puestos son esenciales para garantizar el uso seguro, transparente y ético de la inteligencia artificial en las operaciones financieras.

En términos más generales, la IA no solo está desplazando empleos—también está **creando profesiones completamente nuevas**. Carreras en desarrollo de IA, ingeniería de aprendizaje automático, análisis de datos y ética de la inteligencia artificial están en crecimiento acelerado. A medida que las empresas adoptan más herramientas de IA, aumenta la demanda de talento con experiencia en programación, modelado y toma de decisiones éticas. Estos roles requieren tanto habilidades técnicas como un entendimiento profundo de cómo la IA afecta a las personas y los sistemas.

Para satisfacer esta demanda, **la educación y la formación profesional deben evolucionar**. Las escuelas y universidades deben incorporar planes de estudio centrados en la IA que fomenten la alfabetización digital, el pensamiento computacional y el conocimiento interdisciplinario. Igualmente importantes son los programas de recapacitación para trabajadores cuyos empleos están en riesgo de automatización. Estas iniciativas deben ser accesibles, asequibles y alineadas con las necesidades del mercado para garantizar una participación inclusiva en la fuerza laboral del futuro.

Los **gobiernos** juegan un papel fundamental en esta transición. La inversión pública en infraestructura digital y capacitación laboral es esencial. Los legisladores deben diseñar marcos regulatorios que protejan a los trabajadores, promuevan prácticas laborales justas y prevengan sesgos en los sistemas de IA. Apoyar la investigación en ética de la IA y su implementación responsable será clave para garantizar que el progreso tecnológico se alinee con los valores democráticos.

Las **empresas**, por su parte, también deben asumir responsabilidades. Pueden mitigar el impacto de la automatización invirtiendo en formación para sus empleados, fomentando una cultura de aprendizaje continuo y promoviendo la movilidad interna. Los empleadores con visión de futuro entienden que apoyar a su fuerza laboral durante esta transición fortalece la lealtad, la resiliencia y el éxito a largo plazo.

El **futuro del trabajo en la era de la IA** no se trata de resistirse al cambio, sino de adaptarse estratégicamente a él. Adoptar el aprendizaje continuo, adquirir nuevas habilidades y mantener la flexibilidad son características esenciales para prosperar en un mercado laboral dinámico. Gobiernos, industrias e instituciones educativas deben colaborar para construir sistemas que impulsen el potencial humano junto con el progreso tecnológico.

Esta transición no estará exenta de desafíos, pero también representa una oportunidad para crear una economía más **flexible, inclusiva y preparada para el futuro**. Con planificación cuidadosa, políticas transparentes y un compromiso con la equidad, la inteligencia artificial puede convertirse en un catalizador para el avance humano, y no en una amenaza para el empleo.

La pregunta no es si la IA afectará al mundo laboral, sino **cómo** elegimos responder. Al abrazar la innovación y colocar a las personas en el centro del cambio, podemos asegurar que la tecnología y la humanidad crezcan juntas, potenciándose mutuamente en una visión compartida de progreso.

HABILIDADES PARA LA ERA DE LA IA: ADAPTARSE Y PROSPERAR EN UN MUNDO CAMBIANTE

En secciones anteriores, exploramos cómo la inteligencia artificial está transformando el mundo laboral—eliminando algunos puestos, pero también creando oportunidades completamente nuevas. La pregunta clave ahora es: ¿qué habilidades ayudarán a las personas no solo a sobrevivir, sino a **prosperar** en este entorno en evolución?

La respuesta va más allá de una simple lista de competencias técnicas. Tener éxito en la era de la IA requiere una combinación de habilidades duras y blandas, que mezclen el conocimiento especializado con la adaptabilidad y la inteligencia emocional necesarias para navegar la incertidumbre. Este capítulo explora las capacidades clave que definirán a los profesionales del futuro en un mundo impulsado por la inteligencia artificial.

El pensamiento crítico encabeza la lista. Los sistemas de IA, por avanzados que sean, son herramientas—dependen de los humanos para su diseño, interpretación y supervisión.

La capacidad de analizar información, cuestionar supuestos, detectar sesgos y evaluar fuentes es vital en un mundo inundado de datos. Ya sea que seas un mercadólogo analizando información generada por IA o un periodista revisando contenido curado por algoritmos, pensar críticamente es esencial para evitar desinformación, estrategias erróneas o consecuencias no intencionadas.

Igualmente crucial es la **resolución de problemas**. Aunque la IA sobresale en tareas repetitivas y procesamiento de datos, tiene dificultades con la ambigüedad, los matices y los desafíos imprevistos. La creatividad humana sigue siendo indispensable para diagnosticar problemas complejos, idear soluciones innovadoras y adaptarse cuando algo no sale como estaba previsto. Por ejemplo, un ingeniero de software que soluciona errores en una aplicación con IA no solo debe entender el código, sino también tener una visión integral del sistema y ser capaz de resolver problemas que la IA no puede anticipar.

Tal vez la habilidad más esencial es la **adaptabilidad**. En un entorno tecnológico que cambia rápidamente, las herramientas de hoy pueden quedar obsoletas mañana. La capacidad de aprender nuevos sistemas con rapidez, adaptarse a nuevas demandas laborales y abrazar el aprendizaje continuo ya no es opcional. Esto puede significar inscribirse en cursos en línea, asistir a talleres del sector o incluso obtener títulos avanzados. Más importante que cualquier habilidad específica es la disposición a aprender, desaprender y reaprender—una y otra vez.

¿Cuáles son las habilidades menos susceptibles a ser automatizadas? La respuesta está en las **capacidades profundamente humanas**. Los trabajos que requieren interacción interpersonal compleja, inteligencia emocional y pensamiento estratégico siguen estando relativamente protegidos de la automatización. Esto incluye roles en salud, educación, consejería y las artes. Aunque la IA puede ayudar a un médico a diagnosticar o a un maestro a diseñar planes de estudio, no puede replicar la empatía, la comunicación humana matizada ni la visión creativa. Estas cualidades siguen siendo exclusivamente humanas y esenciales en el lugar de trabajo del futuro.

Al mismo tiempo, las **habilidades blandas transferibles** como la comunicación, el trabajo en equipo, el liderazgo, la negociación y la gestión de proyectos siguen teniendo un enorme valor. Por ejemplo, un científico de datos puede dominar modelos complejos, pero si no puede explicar sus hallazgos a una audiencia no técnica, su impacto será limitado. Estas habilidades interpersonales son difíciles de automatizar y siguen siendo fundamentales para la colaboración en entornos laborales aumentados por IA.

En el plano técnico, los campos emergentes enfocados en la propia IA ofrecen oportunidades de alto crecimiento. Las carreras en ciencia de datos, ingeniería de aprendizaje automático, ética de la IA, ciberseguridad y gobernanza de inteligencia artificial están en alta demanda. Estas profesiones requieren un profundo conocimiento técnico y, a menudo, títulos avanzados. Pero para quienes no tienen una formación técnica sólida, también están surgiendo **roles complementarios** en áreas como políticas públicas, cumplimiento normativo, diseño y comunicación, especialmente en torno al uso ético de la IA.

Una mentalidad clave que sustenta todas estas habilidades es la **mentalidad de crecimiento**: la creencia de que las habilidades pueden desarrollarse a través del esfuerzo, el aprendizaje y la perseverancia. Enfrentar los desafíos como oportunidades, aprender de los errores y mantener la curiosidad son rasgos que fomentan la resiliencia en un mundo en constante cambio. Esta mentalidad no es solo una fuente de motivación, sino una verdadera herramienta de supervivencia en un entorno de transformación constante.

Existen también acciones prácticas que cualquiera puede tomar hoy mismo para preparar su carrera para el futuro:

- Inscribirse en plataformas de aprendizaje en línea como **Coursera, edX o Udacity** para adquirir habilidades relacionadas con IA, desde niveles básicos hasta avanzados.

- Asistir a **talleres y conferencias** para aprender de expertos y establecer redes profesionales.

- Iniciar **proyectos personales** que exploren herramientas y tecnologías de IA, construyendo un portafolio tangible de habilidades.

- Buscar **mentoría** de profesionales con experiencia en tu área de interés.

- Unirse a **comunidades en línea** y redes profesionales (como grupos de LinkedIn o servidores de Discord) para mantenerse informado y conectado.

El auge de la inteligencia artificial no debe ser una fuente de temor, sino un **llamado a la acción**. Al cultivar un conjunto versátil de habilidades que complementen las capacidades de la IA, nos posicionamos no solo para resistir la disrupción, sino para liderarla. El futuro del trabajo no se trata de reemplazar a los humanos con máquinas, sino de **empoderar a los humanos a través de las máquinas**.

Con la mezcla adecuada de habilidades, una mentalidad adaptable y un compromiso con el aprendizaje continuo, podemos avanzar con confianza hacia esta nueva era—listos para **moldearla**, en lugar de simplemente ser moldeados por ella.

LA IA COMO HERRAMIENTA COLABORATIVA: SOCIEDADES ENTRE HUMANOS E INTELIGENCIA ARTIFICIAL

En la sección anterior, exploramos las habilidades esenciales para prosperar en un entorno laboral impulsado por la inteligencia artificial. Pero más allá del desarrollo personal, uno de los cambios más transformadores que estamos presenciando es la evolución misma del trabajo: de un esfuerzo exclusivamente humano a una **colaboración activa entre humanos e IA**. En lugar de ver a la inteligencia artificial como una amenaza o un reemplazo, la perspectiva más útil y realista es entenderla como una **sociedad colaborativa**—una herramienta que amplifica nuestras capacidades, mejora la productividad y abre nuevas vías para la creatividad y la innovación.

Esta no es una historia de humanos contra máquinas. Es una

historia de humanos *con* máquinas.

Pensemos en el ámbito de la **medicina**, donde la IA ya está transformando la forma en que se diagnostican enfermedades y se planifican tratamientos. Los sistemas de IA pueden analizar imágenes médicas con una precisión asombrosa, detectando anomalías sutiles que podrían pasar desapercibidas para el ojo humano. Pero esto no reemplaza al médico. El profesional de la salud conserva un rol esencial al interpretar los resultados, considerar el historial del paciente y tomar decisiones críticas. La IA asiste en el análisis intensivo de datos, permitiendo que el médico se enfoque en la empatía, la comunicación y el cuidado integral. El resultado es un flujo de trabajo colaborativo que mejora tanto la eficiencia como los resultados clínicos.

Un modelo similar se está desarrollando en el ámbito **industrial**. Los robots ahora realizan tareas repetitivas o físicamente exigentes en las líneas de producción, reduciendo lesiones laborales y aumentando la eficiencia. Mientras tanto, los trabajadores humanos están migrando hacia funciones de supervisión—monitoreando sistemas, manteniendo equipos y diseñando procesos más innovadores. Estos nuevos roles son más seguros, más estimulantes y mentalmente gratificantes. La fábrica del futuro no elimina a los humanos: **transforma sus funciones** en algo más estratégico y sostenible.

Las **industrias creativas** ofrecen otro ejemplo revelador. Herramientas como *Midjourney* y *DALL·E 2* pueden generar imágenes sorprendentes a partir de instrucciones escritas. Sin embargo, el artista sigue siendo el núcleo del proceso creativo. Es la mente humana quien define la visión, selecciona los resultados generados por la IA e infunde en la obra profundidad emocional y matices. La IA se convierte en una herramienta de exploración y experimentación, acelerando el proceso de diseño, pero sin sustituir la imaginación ni la voz única del creador.

Incluso campos tradicionalmente considerados profundamente humanos, como la **escritura** o la **investigación legal**, se están beneficiando del apoyo de la inteligencia artificial. Escritores utilizan IA para generar esquemas, desbloquear ideas o superar bloqueos creativos. Abogados recurren a algoritmos para escanear y analizar miles de documentos legales en busca de precedentes relevantes. En ambos casos, la IA respalda al profesional, pero el juicio ético, la interpretación crítica y la decisión final siguen siendo humanas.

El éxito de estas sociedades entre humanos e IA depende de una verdad fundamental: **la inteligencia artificial es una herramienta, no una mente**. Es excelente para detectar patrones, procesar enormes volúmenes de datos y ejecutar tareas definidas, pero carece de contexto, intuición, empatía y razonamiento moral. El verdadero poder radica en **combinar estas fortalezas**: dejar que la IA se encargue de lo que hace mejor, para que los humanos puedan enfocarse en lo que solo nosotros podemos hacer.

Para que esta colaboración sea efectiva, necesitamos desarrollar no solo habilidades técnicas, sino también una nueva **mentalidad**, que incluya:

- Comprender las fortalezas y limitaciones de las herramientas de IA

- Aprender a guiar, interpretar y corregir las respuestas de los sistemas inteligentes

- Desarrollar habilidades de comunicación y trabajo en equipo dentro de entornos humano-IA

- Fomentar la flexibilidad y la disposición a aprender continuamente conforme evoluciona la tecnología

En el lugar de trabajo del futuro, los roles basados exclusivamente en tareas repetitivas y procesamiento de datos cambiarán radicalmente. Pero los puestos que requieran creatividad, pensamiento crítico, inteligencia emocional y resolución de problemas seguirán siendo fundamentales— y serán aún más valorados. **Los humanos interpretarán,**

contextualizarán y tomarán decisiones éticas a partir de los datos generados por la IA.

Por supuesto, estos cambios también traen nuevas responsabilidades. Las organizaciones deben abordar cuestiones éticas como la equidad, el sesgo y la rendición de cuentas en los sistemas de IA. También deben **invertir en la capacitación y actualización** de sus empleados para facilitar la adaptación. Y lo más importante: deben **fomentar una cultura de aprendizaje continuo,** brindando acceso a educación, mentoría y oportunidades de desarrollo profesional para mantener a su fuerza laboral competitiva y comprometida.

El futuro del trabajo no es una competencia entre personas y máquinas. Es un **proyecto compartido.** Una verdadera colaboración. Con la **creatividad y la inteligencia emocional humanas guiando el poder de la IA**, podemos desbloquear nuevos niveles de productividad, imaginación e impacto social.

Pero lograr esta visión requiere acción. Implica acercarnos a la IA con **curiosidad, no con miedo.** Implica comprometernos con el aprendizaje permanente. Implica construir sistemas y culturas diseñados no solo para la eficiencia, sino para el **florecimiento humano.**

La habilidad más valiosa en esta nueva era no será únicamente programar o dominar lo técnico. Será la capacidad de **colaborar —de forma hábil, ética y creativa—con máquinas inteligentes**. Y cuando lo hagamos, no solo nos adaptaremos al cambio: seremos quienes lo lideren.

LA ÉTICA DE LA IA EN EL TRABAJO: EQUIDAD, SESGO Y RESPONSABILIDAD

A medida que la inteligencia artificial se integra cada vez más en los entornos laborales, no solo promete mayor eficiencia y productividad, sino que también plantea una serie de **complejos desafíos éticos**. Estas no son preocupaciones teóricas; ya están reformulando las prácticas de contratación, la supervisión de empleados, la toma de decisiones y las dinámicas internas de las organizaciones. Afrontarlas requiere atención urgente, acciones conscientes y un compromiso firme con la **transparencia, la equidad y la dignidad humana**.

Uno de los problemas más apremiantes es el **sesgo y la equidad en los procesos de selección impulsados por IA**. Muchas empresas utilizan hoy herramientas automatizadas para escanear currículums y preseleccionar candidatos, con la intención de eliminar prejuicios humanos y agilizar la contratación. Sin embargo, los sistemas de IA son tan imparciales como los datos con los que se entrenan. Cuando los datos históricos reflejan **sesgos sistémicos**—como la subrepresentación de mujeres o minorías en ciertos sectores—la IA puede heredar e incluso amplificar esos sesgos. ¿El resultado?

Candidatos calificados podrían ser descartados injustamente, no por discriminación consciente, sino por algoritmos defectuosos y datos distorsionados.

Por ejemplo, imagina una herramienta entrenada con datos de una empresa tecnológica predominantemente masculina. Es posible que aprenda a favorecer currículums que contienen términos más comunes en postulaciones de hombres, excluyendo sin querer a mujeres o personas de grupos subrepresentados. El problema no es la mala intención, sino la dependencia acrítica de patrones históricos. Para contrarrestarlo, las empresas deben desarrollar **conjuntos de datos más representativos**, auditar regularmente sus algoritmos en busca de patrones discriminatorios y mantener **supervisión humana** durante todo el proceso. Los reclutadores deben tener un rol activo en la evaluación de decisiones asistidas por IA, no simplemente aprobarlas sin cuestionamiento.

Otra preocupación ética significativa es la **vigilancia laboral con IA**. Desde el seguimiento de pulsaciones de teclado hasta el reconocimiento facial y el análisis de sentimientos, los sistemas de monitoreo ofrecen a los empleadores una visión sin precedentes del comportamiento de sus trabajadores. Si bien estas herramientas pueden mejorar la productividad y detectar problemas a tiempo, también pueden **socavar la privacidad**, generar estrés y deteriorar el ambiente laboral. La vigilancia constante puede hacer que los empleados se sientan deshumanizados o desconfiados, especialmente si no hay claridad sobre qué se monitorea y con qué propósito.

Lograr el equilibrio adecuado es esencial. Los empleados deben ser **claramente informados** sobre qué se monitorea, cómo se utilizará esa información y qué medidas de protección existen. La recolección de datos debe ser proporcional, transparente y legalmente válida, con **límites claros que prevengan abusos**. El monitoreo debe apoyar—y no socavar—el bienestar, la productividad y la confianza.

Vinculado a estas cuestiones está el tema clave de la **responsabilidad**. Cuando una IA comete un error, ¿quién es responsable? ¿El desarrollador del algoritmo? ¿La empresa que lo implementó? ¿El gerente que siguió su recomendación? Pensemos en un sistema de contratación que filtra injustamente a un candidato calificado por un sesgo en los datos. ¿Quién responde por esa oportunidad perdida?

Para evitar confusión e injusticia, las organizaciones deben establecer **marcos claros de rendición de cuentas**. Esto incluye asignar responsabilidades específicas, implementar mecanismos para corregir errores y ofrecer vías de reclamo a los afectados. La supervisión humana debe estar integrada en **cada etapa del proceso de IA**, desde el diseño hasta la ejecución y toma de decisiones.

Las consideraciones éticas también abarcan el **desplazamiento laboral**. Aunque la IA está generando nuevos puestos de trabajo, también está automatizando muchos otros. Las empresas tienen la **responsabilidad de preparar a sus empleados** para estos cambios—no resistiendo la innovación, sino invirtiendo en las personas. Esto implica ofrecer acceso a programas de **reskilling** (reentrenamiento) y **upskilling** (mejoramiento de habilidades) que preparen a los trabajadores para roles emergentes, tanto técnicos como no técnicos. No se trata solo de enseñar programación, sino de **fomentar resiliencia, adaptabilidad y pensamiento crítico**—competencias esenciales para un mercado laboral en evolución.

Gobiernos y empresas deben colaborar con instituciones educativas y organizaciones de desarrollo profesional para garantizar que estas oportunidades sean **accesibles e inclusivas**. Una planificación anticipada puede facilitar la transición y reducir el riesgo de disrupción generalizada.

Ante todos estos retos, una implementación ética de la IA no debe verse como un obstáculo, sino como una **obligación moral y social**. Promover la equidad requiere una **gestión**

rigurosa de los datos, un diseño algorítmico transparente y una vigilancia constante. Proteger la privacidad exige **comunicación clara, salvaguardas legales y prácticas respetuosas**. Garantizar la responsabilidad implica establecer cadenas de decisión bien definidas. Y apoyar a los trabajadores desplazados requiere una **inversión sostenida en el aprendizaje permanente** y estrategias de crecimiento inclusivo.

El uso ético de la IA no es un proyecto puntual. Es un **proceso continuo** que exige humildad, vigilancia y disposición al cambio. Si colocamos los valores humanos en el centro del diseño y despliegue de los sistemas inteligentes, podremos construir entornos laborales donde la tecnología **complemente** —y no reemplace—la dignidad, la equidad y las oportunidades.

En última instancia, el futuro del trabajo impulsado por IA no debe medirse únicamente en términos de eficiencia, sino en **cómo promueve los principios de justicia, confianza y progreso compartido**. El desafío que enfrentamos no es simplemente técnico: es profundamente **humano**.

ESTUDIOS DE CASO: LA IA EN ACCIÓN EN DIVERSAS INDUSTRIAS

La inteligencia artificial ha dejado de ser un concepto teórico confinado a laboratorios de investigación: hoy en día, está **transformando industrias en todo el mundo**. Este capítulo explora cómo la IA se aplica en contextos reales, destacando tanto sus logros como los desafíos que conlleva su implementación. Estos estudios de caso muestran la versatilidad de la IA, su potencial para mejorar la vida humana y las consideraciones éticas que exigen nuestra atención.

El sector **salud** es uno de los campos con mayor impacto por la innovación en IA. Herramientas de diagnóstico impulsadas por inteligencia artificial están ayudando a los profesionales médicos a tomar decisiones más rápidas y precisas. En radiología, por ejemplo, algoritmos entrenados con grandes conjuntos de datos pueden analizar radiografías, tomografías y resonancias magnéticas para detectar anomalías sutiles—como tumores en etapa temprana o microfracturas—en ocasiones con mayor precisión que los especialistas humanos. Estas herramientas permiten diagnósticos más tempranos, mejores resultados para los pacientes y alivian la carga de trabajo del personal médico.

Sin embargo, los retos persisten. La eficacia de estas herramientas depende en gran medida de la **calidad y diversidad** de los datos con los que se entrenan. Si los conjuntos de datos están sesgados hacia ciertos grupos poblacionales, el sistema puede funcionar mal con pacientes de comunidades subrepresentadas, lo que plantea serias preocupaciones sobre **equidad en la atención médica**. Además, cuestiones como la **privacidad de los datos**, el **consentimiento informado** y la **responsabilidad en caso de errores diagnósticos** deben ser abordadas mediante políticas claras, supervisión humana constante y pruebas rigurosas de los algoritmos.

En el **sector financiero**, la IA juega un papel crítico en la **detección de fraudes** y la **evaluación de riesgos**. Bancos e instituciones financieras procesan millones de transacciones diariamente, lo que hace que la detección en tiempo real de actividades sospechosas sea un desafío monumental. Los algoritmos de aprendizaje automático pueden identificar patrones y alertar sobre comportamientos inusuales mucho más rápido que los analistas humanos. Además, se utilizan para evaluar la solvencia crediticia, prever tendencias de mercado y ofrecer asesoría financiera personalizada.

Pero estos sistemas también plantean preocupaciones éticas. El sesgo en los modelos de préstamo basados en IA podría generar decisiones discriminatorias si se entrenan con datos históricos desiguales. También existe el riesgo de que defraudadores sofisticados manipulen los sistemas de IA. Para evitar estos problemas, las instituciones financieras deben priorizar la **transparencia, la explicabilidad y la supervisión constante**, garantizando que las decisiones automatizadas puedan ser auditadas y comprendidas.

En la **industria manufacturera**, la IA está revolucionando la operación mediante el **mantenimiento predictivo**. Analizando datos de sensores en maquinaria, los sistemas de IA pueden predecir cuándo es probable que falle un equipo, permitiendo a las empresas realizar mantenimiento preventivo. Esto minimiza interrupciones no planificadas y optimiza los cronogramas de producción, algo crucial en sectores como la electrónica o la fabricación automotriz.

No obstante, estos beneficios dependen de una **integración precisa de datos** y un conocimiento profundo de las operaciones de cada planta. Los sistemas de IA deben adaptarse a las máquinas específicas que supervisan, y los flujos de trabajo existentes pueden necesitar ajustes. Además, es vital capacitar al personal para interpretar correctamente las recomendaciones del sistema.

La industria del **transporte** también está viviendo una transformación profunda. Los **vehículos autónomos** ya no son ciencia ficción. Estos sistemas utilizan algoritmos avanzados para procesar datos en tiempo real provenientes de cámaras, sensores y GPS, tomando decisiones sobre navegación y evasión de obstáculos. Los beneficios potenciales son enormes: **menos accidentes, menor congestión vehicular y mayor movilidad** para personas mayores o con discapacidad.

Sin embargo, alcanzar la autonomía total plantea retos complejos. Garantizar la seguridad en entornos impredecibles, definir responsabilidades en caso de accidentes y gestionar el impacto económico en conductores profesionales son cuestiones clave. Los marcos regulatorios deben evolucionar al ritmo de la tecnología para abordar estos desafíos de manera responsable.

En **servicio al cliente**, los **chatbots y agentes virtuales** impulsados por IA están cada vez más presentes, manejando consultas comunes y tareas rutinarias. Estas herramientas pueden operar 24/7, resolver problemas frecuentes y escalar los casos más complejos a agentes humanos. Cuando se implementan correctamente, reducen costos y aumentan la satisfacción del cliente.

Pero un mal diseño puede generar frustración si los chatbots no comprenden el lenguaje natural o no ofrecen soluciones útiles. Una implementación eficaz requiere amplios conjuntos de datos de entrenamiento, capacidades avanzadas de procesamiento de lenguaje natural (PLN), y un sistema fluido de traspaso a soporte humano cuando sea necesario. El **equilibrio entre automatización y atención personalizada** es clave.

Estos estudios de caso subrayan la **influencia profunda de la IA en diversos sectores**. Pero también nos recuerdan que la IA no es una solución mágica. Cada aplicación viene con **desafíos específicos**: calidad de datos, sesgos algorítmicos, experiencia del usuario y supervisión ética. Para que la implementación de IA tenga éxito, debe ir acompañada de una **gobernanza sólida, políticas transparentes y un diseño centrado en el ser humano**.

Además, las **implicaciones sociales** de la IA—como el desplazamiento laboral y la creciente brecha de habilidades —exigen una **acción coordinada**. Gobiernos, industrias e instituciones educativas deben trabajar juntos para desarrollar programas de capacitación que preparen a la fuerza laboral para adaptarse.

El futuro de la IA está lleno de promesas, pero **liberar su verdadero potencial requiere responsabilidad, visión a largo plazo e inclusión**. Al aprender tanto de los aciertos como de los errores, y al mantener los **valores humanos en el centro de la innovación**, podemos construir un futuro impulsado por la IA que beneficie a toda la sociedad.

LA IA COMO SOCIO CREATIVO: COLABORACIÓN E INSPIRACIÓN

La integración de la inteligencia artificial en los procesos creativos ya no es una fantasía futurista: es una realidad en rápida evolución. La IA está surgiendo no como un reemplazo de la creatividad humana, sino como un **poderoso colaborador** que expande los límites de la expresión artística y alimenta la imaginación. En lugar de verla como una amenaza, deberíamos abrazarla como un catalizador de la innovación y una fuente de inspiración que abre **nuevas vías para la exploración creativa**.

Pensemos en un escritor que lucha contra el bloqueo creativo, contemplando una pantalla en blanco. Herramientas de escritura basadas en IA, como GPT-3 y sus sucesores, ofrecen una especie de "salvavidas digital". Estos modelos de lenguaje pueden generar texto a partir de un estímulo, sugiriendo frases alternativas, nuevas direcciones narrativas o incluso segmentos enteros de historia. El objetivo no es que la IA escriba la historia por sí sola, sino que actúe como un trampolín creativo, ayudando al autor a **superar obstáculos y pulir su obra**. El escritor humano sigue al mando: selecciona, edita y moldea las sugerencias de la IA para que encajen con su voz y visión. Así, la

IA se convierte en un **socio de lluvia de ideas**, capaz de explorar múltiples caminos y enriquecer el proceso creativo.

Esta colaboración es **iterativa**. El autor puede empezar con un esquema básico o algunas frases descriptivas, y la IA responde con ampliaciones, variaciones de estilo o giros inesperados. Luego, el autor selecciona lo útil y descarta lo irrelevante. Este proceso fomenta la experimentación y lleva a resultados que quizás no habrían surgido únicamente con esfuerzo humano. Lejos de reemplazar al narrador, la IA lo empodera, ampliando su capacidad de crear narrativas más ricas y complejas.

Los **artistas visuales** también están aprovechando el poder de la IA de forma innovadora. Herramientas como *Midjourney* y *DALL·E 2* pueden generar imágenes impactantes a partir de descripciones escritas. Un artista puede introducir una visión —un bosque onírico, un horizonte futurista o un retrato abstracto— y recibir una serie de representaciones visuales que interpretan esa idea. Este proceso ayuda a **prototipar conceptos rápidamente**, explorar estilos diversos y reimaginar estéticas tradicionales. El artista selecciona y refina las imágenes generadas, a menudo combinándolas con técnicas digitales o tradicionales para lograr su visión final. En este modelo, la IA no sustituye la mano creativa; se convierte en una **extensión versátil de ella**.

La **industria musical** también está siendo transformada. Hoy existen herramientas que permiten a la IA componer melodías, armonías y ritmos, brindando a los músicos nuevas ideas e inspiraciones inesperadas. Un compositor que se encuentra atascado en una sección de su obra puede recurrir a la IA para recibir sugerencias de progresiones de acordes o líneas melódicas alternativas. El resultado no es una canción generada por una máquina, sino una pieza musical moldeada por la **intención artística humana**. La IA puede romper bloqueos creativos, invitar a experimentar con nuevos géneros y desafiar al músico a salir de su zona de confort—sin quitarle el control sobre la obra final.

A pesar de estas oportunidades, la incorporación de la IA al proceso creativo no está exenta de complejidad. Una preocupación importante es el riesgo de **homogeneización estilística**. Si los modelos de IA se entrenan principalmente con estilos populares o dominantes, podrían reforzar esas tendencias en lugar de fomentar la originalidad. Por eso es fundamental que los creadores usen estas herramientas con intención—guiándolas con una visión única y yendo más allá de la imitación hacia la innovación.

Otro tema clave es la **autoría y la propiedad intelectual**. Cuando una IA genera una imagen, una canción o un texto, ¿quién es el dueño del resultado? ¿El artista que introdujo el prompt? ¿Los desarrolladores del algoritmo? ¿Ambos? Dado que los marcos legales aún no han alcanzado el ritmo del avance tecnológico, los creadores deben navegar con cuidado por cuestiones de propiedad, atribución y derechos de autor. Se necesitan **normas claras y prácticas transparentes** para asegurar el uso justo y honrar tanto las contribuciones humanas como tecnológicas.

También es importante reconocer las **limitaciones de los sistemas actuales de IA**. Aunque pueden imitar formas, generar variaciones y encontrar patrones, carecen de la profundidad emocional, la experiencia vivida y el contexto que otorgan significado al arte humano. El gran arte refleja la complejidad de la vida: las alegrías, las luchas, las contradicciones que definen la experiencia humana. La IA no puede reemplazar eso, pero sí puede **ayudar a expresarlo**. Cuando se usa con responsabilidad, la IA no sustituye, sino que **amplifica** la creatividad humana.

Aun así, los resultados ya visibles de la colaboración humano–IA son extraordinarios. Escritores están explorando nuevos géneros, artistas visuales están reinventando estilos, y músicos están creando híbridos innovadores entre sonidos clásicos y contemporáneos. A medida que la tecnología avanza, su papel en el panorama creativo se **profundizará**—ofreciendo herramientas más poderosas para quienes se atrevan a experimentar, perfeccionar y evolucionar.

Estamos presenciando el inicio de una nueva era—no de máquinas reemplazando a los artistas, sino de máquinas trabajando **junto a ellos**. Al combinar el poder computacional con la **intuición y originalidad humanas**, podemos abrir paso a una etapa sin precedentes de expresión artística. El futuro del arte no se definirá por humanos *versus* IA, sino por humanos **con** IA—una alianza basada en la curiosidad, la imaginación y el impulso compartido de explorar lo desconocido.

Y este viaje... apenas comienza.

ARTE Y MÚSICA GENERADOS POR IA: EXPLORANDO NUEVAS FORMAS DE EXPRESIÓN

El auge del arte y la música generados por inteligencia artificial marca un cambio profundo en la manera en que entendemos y experimentamos la creatividad. Ya no está confinada exclusivamente a manos o mentes humanas; la expresión artística ahora incorpora el poder computacional de los algoritmos, dando lugar a una **fusión única de intención humana y ejecución algorítmica**. Esta colaboración está generando nuevas estéticas, planteando preguntas éticas importantes y transformando nuestra percepción de la autoría y la originalidad.

Uno de los aspectos más llamativos del arte generado por IA es su capacidad para producir resultados visualmente sorprendentes y, en muchos casos, **inesperados**. Herramientas como *DALL·E 2*, *Midjourney* y *Stable Diffusion* permiten a los usuarios introducir instrucciones escritas—descripciones del tipo de imagen que desean crear—y recibir resultados que van desde renderizados fotorrealistas hasta composiciones abstractas y surrealistas.

Estos sistemas se basan en redes neuronales avanzadas entrenadas con enormes volúmenes de imágenes y texto, aprendiendo a asociar el lenguaje con características visuales. Al recibir un texto, la IA lo interpreta y genera una imagen en función de esas asociaciones aprendidas.

Los resultados pueden ser **asombrosos**. Algunas imágenes muestran un nivel de detalle y coherencia estilística que rivaliza—e incluso supera—a lo que muchos artistas digitales pueden producir por sí solos. Sin embargo, la relevancia de esta tecnología no radica únicamente en su capacidad técnica, sino en lo que implica para **el estilo artístico y la noción de originalidad**.

Dado que estos modelos se entrenan con obras de arte existentes, sus resultados suelen evocar estilos ya establecidos. Esto plantea una pregunta fundamental: ¿el arte generado por IA es verdaderamente original, o es simplemente una forma sofisticada de imitación? Algunos argumentan que la originalidad reside en la **propuesta conceptual del usuario**— en el mensaje que redacta y la intención detrás de él. Otros encuentran novedad en las **combinaciones inesperadas** que produce la IA, yuxtaposiciones visuales que quizás un artista humano nunca habría imaginado. En ambos casos, este tipo de creación nos obliga a **replantear las nociones tradicionales de autoría e innovación**.

La música generada por IA sigue una trayectoria similar. Herramientas como *Amper Music*, *AIVA* y *Jukebox* permiten generar composiciones musicales según el género, el estado de ánimo, el tempo o el tono emocional deseado. Estos sistemas modelan aspectos clave de la música—melodía, armonía, ritmo, instrumentación—y generan piezas completas que a menudo muestran una estructura musical sorprendentemente coherente.

Para compositores y músicos, estas herramientas representan un **valor significativo**. Pueden ayudar a superar bloqueos creativos, despertar nuevas ideas o servir como punto de partida para obras originales. Un músico puede usar la IA para esbozar progresiones armónicas, crear variaciones rítmicas o simular estilos musicales poco conocidos. Aunque la IA no aporta emoción humana ni experiencia vivida, sí **amplía el rango de posibilidades sonoras disponibles para la exploración artística**.

Sin embargo, como en el caso del arte visual, la música generada por IA plantea interrogantes sobre la **originalidad y el valor artístico**. Dado que estas herramientas se basan fuertemente en tradiciones musicales preexistentes, ¿hasta qué punto sus producciones son nuevas? La respuesta es compleja. Aunque están informadas por obras anteriores, la capacidad de la IA para combinar elementos, generar armonías inesperadas y mezclar géneros de manera innovadora es innegable. Lo que le falta en profundidad emocional, lo compensa con **versatilidad y velocidad**, cualidades que, bien utilizadas, pueden conducir a una verdadera innovación artística.

Más allá de las preocupaciones estéticas, existen **cuestiones éticas y legales**. Una de las principales es la del **derecho de autor y la autoría**. ¿Quién posee una obra de arte o una canción creada por IA—el usuario que proporcionó el texto inicial, los desarrolladores del algoritmo o ambos? Los sistemas legales en todo el mundo aún no han establecido directrices claras sobre propiedad intelectual en este contexto, lo que genera incertidumbre para artistas y desarrolladores y puede frenar la adopción o la innovación.

El **sesgo** es otra preocupación relevante. Si la IA se entrena con datos limitados o culturalmente homogéneos, sus resultados podrían reproducir o reforzar estereotipos dañinos. Evitar esto requiere una **curación ética de los datos**, pruebas continuas y medidas que garanticen una representación inclusiva y diversa.

A pesar de estas preocupaciones, el auge del arte y la música generados por IA **no disminuye la creatividad humana**. Al contrario, la potencia. Estas herramientas proporcionan nuevos materiales, métodos y formas de expresión. La clave está en **usarlas con intención y conciencia**. Los artistas deben ver la IA no como un atajo estilístico, sino como un **colaborador creativo** —una manera de explorar territorios inexplorados, desafiar sus propios límites y experimentar con ideas frescas.

El futuro de la IA en las artes depende de fomentar un enfoque **ético, reflexivo y centrado en el ser humano**. Esto implica:

- Priorizar la **transparencia** en cómo se entrenan y utilizan las herramientas de IA
- Desarrollar **normas claras** sobre autoría y derechos de autor
- Invertir en conjuntos de datos **inclusivos y culturalmente diversos**
- Promover la **experimentación artística con control humano**

A medida que la IA siga evolucionando, también lo hará nuestra comprensión de la creatividad. ¿Qué cuenta como "original"? ¿Cómo definimos la intención artística en un sistema colaborativo? ¿Qué papel juega la emoción en el arte y la música, y cómo puede la tecnología apoyarla o expandirla?

Estas no son preguntas con respuestas fáciles—pero **son preguntas que vale la pena plantear**. La alianza entre la creatividad humana y la inteligencia algorítmica no es una amenaza; es un **impulso hacia una nueva era de exploración artística**.

En este nuevo panorama, las obras más poderosas serán probablemente aquellas que combinen **lo mejor de ambos mundos**: la visión, emoción y experiencia humanas, potenciadas por la capacidad de la IA para procesar, simular y generar a gran escala. Al abrazar esta colaboración de forma responsable, podemos crear un futuro en el que el arte y la música **continúen evolucionando**—reflejando no solo quiénes somos, sino también **todo lo que podemos imaginar juntos**.

DERECHOS DE AUTOR Y PROPIEDAD INTELECTUAL EN LA ERA DE LA IA: NAVEGANDO LOS RETOS LEGALES

El rápido avance de la inteligencia artificial en los campos creativos ha puesto bajo la lupa un tema crucial que a menudo queda eclipsado por el entusiasmo tecnológico: **los derechos de autor y la propiedad intelectual**. Mientras la IA amplía las posibilidades de expresión artística y musical, los marcos legales que rigen las obras creativas fueron diseñados para un mundo donde **solo los humanos** creaban arte. A medida que el contenido generado por IA se vuelve cada vez más común, surgen preguntas fundamentales: ¿Quién posee los derechos sobre una pintura digital generada por Midjourney? ¿El usuario que escribió el prompt, los desarrolladores de la herramienta o, en un sentido más abstracto, la propia IA? Estas interrogantes no son teóricas; tienen consecuencias reales para creadores, empresas y para el futuro del derecho de autor.

Las leyes de copyright en la mayoría de los países reconocen como requisito **la autoría humana** para proteger una obra. Están diseñadas para premiar la **originalidad y la intención** detrás de las creaciones humanas. Sin embargo, las herramientas de IA operan de forma distinta: se entrenan con grandes volúmenes de contenido preexistente—obras de arte, música, textos —aprendiendo patrones, estilos y estructuras para generar nuevos resultados. Esto **difumina la línea entre originalidad y derivación**. ¿Puede considerarse autoría algo creado sin conciencia, emoción o intención?

En la mayoría de las jurisdicciones, la respuesta sigue siendo **no**. Las obras generadas por IA generalmente **no califican para protección legal** a menos que exista una intervención humana significativa en el proceso creativo. Esta ambigüedad legal deja tanto a usuarios como desarrolladores en una **zona gris**. Por ejemplo, si una imagen generada por IA se asemeja demasiado a una obra protegida por derechos de autor que formó parte de su entrenamiento, ¿se consideraría una infracción? ¿Y quién sería responsable: el usuario, los desarrolladores de la IA, o los titulares originales de los derechos?

Una solución comúnmente propuesta es **modificar las leyes de derechos de autor** para incluir obras generadas con participación mínima humana. Esto podría implicar la creación de una nueva categoría de derechos para contenidos generados por IA o asignar la propiedad al usuario que proporcionó los prompts y parámetros clave. Este enfoque requeriría un equilibrio delicado: proteger la innovación sin obstaculizar la creatividad ni beneficiar desproporcionadamente a grandes corporaciones en detrimento de los artistas individuales.

Otra propuesta es el concepto de **coautoría**, donde se considere que el usuario humano y el sistema de IA colaboran en la creación. En teoría, esto permitiría distribuir los derechos según la contribución de cada parte. Pero en la práctica, **cuantificar la participación del algoritmo es extremadamente complejo**.

¿El humano simplemente seleccionó una opción generada? ¿O la refinó, interpretó y la integró en una obra con sentido? Las respuestas varían en cada caso, lo que dificulta la aplicación de reglas universales.

Un problema creciente es el **estatus legal de los datos de entrenamiento**. Los sistemas de IA se alimentan de enormes volúmenes de contenido existente—en muchos casos sin el consentimiento de sus creadores originales. Si los modelos reproducen elementos protegidos por copyright, se plantea la duda de si la nueva obra constituye contenido derivado. Los desarrolladores deben evaluar cuidadosamente cómo obtienen y usan estos datos y si su uso cumple con las normas de **fair use**, licencias o principios éticos. Ignorar este aspecto puede derivar en litigios costosos y daño reputacional.

Algunos casos recientes han comenzado a moldear el debate. En 2023, por ejemplo, la Oficina de Derechos de Autor de Estados Unidos reafirmó que **una obra generada por IA sin intervención humana significativa no puede ser registrada** bajo la ley vigente. Sin embargo, estos fallos son apenas el inicio. A medida que las herramientas se vuelvan más autónomas y extendidas, **los sistemas legales tendrán que adaptarse**.

Más allá de lo legal, existen **implicaciones éticas importantes**. ¿La autoría automatizada diluye el valor de la creatividad humana? ¿Reduce las oportunidades de sustento para artistas, escritores y músicos? Estas cuestiones tocan valores esenciales sobre **originalidad, trabajo y expresión cultural**. También abren un debate sobre la equidad: si las empresas más poderosas controlan los modelos más avanzados, ¿podrían monopolizar la creatividad misma?

Una posible medida de protección sería **compensar a los creadores originales** cuyos trabajos fueron utilizados en el entrenamiento de modelos de IA, quizás mediante esquemas de licenciamiento o fondos de remuneración colectiva. Otra solución sería exigir **transparencia en los modelos**: cómo fueron entrenados, con qué datos y con qué criterios.

A medida que el contenido generado por IA se multiplica, crece también el riesgo de **saturación del mercado** con medios automatizados de bajo costo, lo que puede dificultar la competencia económica para los creadores humanos—aunque su trabajo sea más significativo o emocionalmente resonante. **Los legisladores deben considerar mecanismos para apoyar a los profesionales creativos**, como fondos públicos para las artes, formación en tecnologías emergentes o regulaciones éticas para el uso comercial de la IA.

Por ahora, el panorama sigue **incierto y fragmentado**. No existe un enfoque global unificado, y los países avanzan a diferentes velocidades hacia la regulación. Mientras tanto, desarrolladores, artistas y usuarios deben navegar un terreno legal cargado de ambigüedad. Lo que está claro es que **ya no se puede postergar la conversación sobre derechos de autor e IA**.

Para que la IA impulse la creatividad en lugar de erosionarla, necesitamos **políticas colaborativas**, **debates públicos informados** y un diálogo continuo entre tecnólogos, expertos legales, artistas e instituciones culturales. Al **reimaginar el derecho de autor para un mundo que incluye la creatividad humana y algorítmica**, podemos construir un futuro donde la innovación florezca de forma ética, sostenible e inclusiva.

LA IA Y EL FUTURO DE LA CREATIVIDAD: SINERGIAS ENTRE HUMANOS E INTELIGENCIA ARTIFICIAL

La sección anterior abordó los complejos temas legales y éticos que rodean al contenido generado por IA. Pero más allá de las cuestiones de propiedad intelectual, surge una **perspectiva aún más estimulante**: el surgimiento de sinergias poderosas entre humanos e inteligencia artificial. En lugar de ver a la IA como una rival, debemos reconocerla como una **colaboradora creativa**, capaz de expandir nuestra imaginación y abrir nuevos caminos para la expresión artística.

Humanos e IA poseen fortalezas **fundamentalmente diferentes pero complementarias**. Los creadores humanos aportan intuición, emoción, contexto cultural y una profundidad forjada en la experiencia vivida. Contamos historias moldeadas por la memoria, la identidad y el significado personal. Estas cualidades le dan al arte su **resonancia emocional**, transformando trazos, melodías o palabras en obras que conmueven.

La IA, en cambio, se destaca por su capacidad para **analizar datos, identificar patrones y generar variaciones** a una escala y velocidad impresionantes. Puede procesar enormes conjuntos de datos creativos, simular miles de iteraciones de diseño y proponer combinaciones novedosas que quizá ningún individuo imaginaría por sí solo. No se trata de competencia, sino de **colaboración**.

Imaginemos a un compositor luchando con una sección de una obra musical. Una herramienta de IA podría generar docenas de opciones armónicas, ofreciendo texturas que el compositor no había considerado. O a una artista visual que explora estilos desde el surrealismo hasta el realismo digital, utilizando IA para prototipar ideas antes de plasmarlas en lienzo. En todos estos casos, el **control sigue siendo humano**. La IA sugiere; el creador **selecciona, refina y eleva**.

Esta relación simbiótica ya está transformando industrias creativas. En la **música**, las herramientas de IA asisten en composición, orquestación y diseño sonoro. Los compositores las usan para desbloquear ideas, experimentar con nuevos géneros y construir paisajes sonoros ricos. El resultado no es música generada por máquinas, sino **obras co-creadas** que combinan emoción humana con exploración computacional.

En el **arte visual**, herramientas como *Midjourney* o *DALL·E 2* permiten a los artistas generar imágenes impactantes a partir de simples descripciones textuales. Estas herramientas actúan como **aceleradores creativos**, facilitando la exploración de estilos, la generación de conceptos y el perfeccionamiento de detalles. Lejos de reemplazar la técnica tradicional, la IA **la amplifica**, permitiendo a los artistas concentrarse en la narrativa, la emoción y el simbolismo.

En la **literatura**, los escritores ya utilizan la IA para construir mundos, desarrollar tramas y definir voces narrativas. La IA les ayuda a imaginar giros argumentales, generar borradores o experimentar con diferentes tonos. No se trata de delegar la autoría, sino de **enriquecer el proceso creativo**, aportando inspiración y nuevas perspectivas.

Más allá de los campos creativos tradicionales, la IA también está revolucionando el **diseño de moda, la arquitectura y el cine**. Diseñadores generan patrones textiles y colecciones conceptuales con IA. Arquitectos exploran estructuras innovadoras guiados por algoritmos de optimización. Directores de cine recurren a la IA para edición, efectos visuales y animación—liberando más tiempo para enfocarse en la **visión artística**.

A medida que esta colaboración se profundiza, también lo deben hacer nuestra conciencia y responsabilidad. El **sesgo** en los modelos de IA, derivado de los datos con los que son entrenados, puede afectar la diversidad de los resultados artísticos. Por eso es fundamental promover la **transparencia algorítmica** y el uso de datos representativos. Las herramientas creativas deben reflejar múltiples voces, y los creadores deben poder guiarlas con **intención e integridad**.

Otro desafío importante es el **acceso equitativo**. Las herramientas creativas más potentes no están disponibles para todos. Superar esta brecha digital requiere inversión en educación, infraestructura y políticas públicas que garanticen que creadores de todo el mundo puedan aprovechar el potencial de la IA—sin importar su ubicación o situación socioeconómica.

También es crucial preservar el **rol central del artista humano**. El temor de que la IA reemplace la creatividad humana es comprensible, pero **en gran medida infundado**. Las obras más impactantes resuenan por su humanidad: porque reflejan la historia, los valores y las emociones de alguien. La IA puede proveer herramientas, pero **el significado lo damos nosotros**. El futuro de la creatividad no está en la automatización, sino en la **ampliación del potencial humano**.

Para hacer realidad esta visión, debemos invertir en:

- Educación creativa que incorpore **alfabetización en IA**

- **Guías éticas** para el entrenamiento y uso de modelos creativos

- **Marcos legales** que reconozcan y valoren la colaboración humano–IA

- Plataformas de IA **accesibles, intuitivas e inclusivas**

Imaginemos un futuro donde la IA no solo genere contenido, sino que también ofrezca **críticas creativas**: analizando el tono emocional, el ritmo narrativo o la coherencia estilística. Herramientas que se adapten al **estado de ánimo, visión artística o valores personales** del creador. La integración entre IA y creatividad humana será cada vez más fluida y personalizada.

En última instancia, **esto no es una lucha entre humanos y máquinas**, sino una **alianza**. Una en la que la imaginación humana es respaldada—no sustituida—por la inteligencia artificial. Este modelo colaborativo tiene el potencial de **elevar la innovación artística, fomentar el diálogo cultural y desbloquear formas de expresión que antes eran inalcanzables.**

Estamos al inicio de una **nueva era creativa**—una era donde la tecnología y la humanidad **armonizan.** Con diseño consciente, acceso inclusivo y compromiso con la integridad artística, podemos forjar un futuro donde se realice **el máximo potencial de lo humano y lo artificial.**

APLICACIONES PRÁCTICAS: CÓMO USAR HERRAMIENTAS DE IA EN PROYECTOS CREATIVOS

El potencial creativo impulsado por la inteligencia artificial es emocionante, pero surge una pregunta clave: **¿cómo se utilizan realmente estas herramientas para enriquecer el trabajo creativo?** Este capítulo ofrece una guía práctica para integrar la IA en tu proceso creativo, superar desafíos comunes y sacar el máximo provecho de esta tecnología en evolución.

Elegir la Herramienta Adecuada

El ecosistema de herramientas de IA es diverso y cambia rápidamente. La elección correcta dependerá de tu **disciplina creativa** y tus **objetivos específicos**.

Para artistas visuales:

- **Midjourney**: Genera imágenes estilizadas y surrealistas a partir de prompts de texto.

- **DALL·E 2**: Ideal para resultados fotorrealistas con

mayor control sobre los parámetros.

- **Stable Diffusion**: De código abierto y altamente personalizable, con fuerte respaldo comunitario.

- **NightCafe Creator**: Plataforma amigable para principiantes que buscan resultados rápidos.

Para músicos:

- **Amper Music**: Ideal para crear música libre de derechos para proyectos multimedia.

- **Jukebox (OpenAI)**: Experimental, genera piezas originales en varios estilos.

- **AIVA**: Permite mayor personalización en tono emocional, instrumentación y estilo.

Para escritores:

- **Jasper**: Eficiente para redacción de marketing y contenido breve.

- **Copy.ai**: Soporta una variedad amplia de tareas de escritura.

- **Sudowrite**: Diseñado para escritores creativos, con funciones para desarrollo de personajes, diálogos y descripciones.

Integrando la IA en tu Flujo de Trabajo

Independientemente de la herramienta elegida, la IA funciona mejor como **colaboradora creativa**, no como sustituto.

1. **Define tus objetivos creativos**
   ¿Quieres desbloquear ideas, generar variaciones visuales o superar un bloqueo narrativo? Sé claro antes de comenzar.

2. **Trata los resultados como borradores**
   El contenido generado por IA es **materia prima**. Tu

rol es refinarlo, ajustarlo e integrarlo con tu estilo personal.

3. **Itera constantemente**
   La experimentación es clave. Ajusta los prompts, modifica parámetros y prueba combinaciones para descubrir nuevas posibilidades.

Ejemplos Prácticos

Diseño Gráfico

Estás desarrollando una campaña visual para una marca de café. En lugar de esbozar cada concepto a mano, usas Midjourney con el prompt:
"Una taza humeante de café en un café estilo art déco, colores cálidos, diseño minimalista, luz matutina suave."
Recibes múltiples opciones visuales y eliges la más impactante para refinarla con software de diseño.

Escritura Creativa

Estás escribiendo una novela histórica y necesitas inspiración para una escena clave. Sudowrite sugiere descripciones en distintos estilos y tonos. Tú eliges, ajustas y das forma final manteniendo tu voz narrativa intacta.

Composición Musical

Una compositora usa AIVA para crear una banda sonora de película. Especifica: *"orquestal, edificante, tempo moderado."* El sistema genera varias melodías. Ella selecciona, ajusta arreglos y añade su toque estilístico. Resultado: eficiencia técnica + emoción humana.

Diseño de Moda

Un diseñador quiere patrones textiles basados en el tema *"geometría orgánica con acentos neón."* La IA ofrece múltiples variaciones, que luego selecciona y personaliza para integrarlas en su colección.

Superando los Desafíos

1. **Sesgo en los modelos de IA**
   Los datos de entrenamiento pueden contener estereotipos. Supervisa el contenido generado y edita según sea necesario para evitar mensajes no deseados.

2. **Gestión de expectativas**
   La IA no es mágica. Inspira y agiliza procesos, pero **no sustituye** la intuición ni la calidad artesanal del creador.

3. **Aspectos legales**
   La propiedad de los contenidos generados por IA varía. Muchos servicios otorgan derechos comerciales al usuario, pero **revisa siempre los términos** y busca asesoría legal si planeas un uso comercial o de alto perfil.

4. **Acceso e inclusión**
   No todos los creadores tienen acceso a herramientas de alto rendimiento. Fomentar la equidad requiere educación, opciones de código abierto y apoyo institucional.

El Elemento Humano

Por avanzada que sea la IA, **el elemento humano sigue siendo irremplazable**. La IA puede generar opciones, pero **no posee vivencias, intuición emocional ni contexto cultural**. Los proyectos más poderosos surgen cuando el artista colabora con la IA desde una posición activa, con juicio, visión y significado.

En el futuro, las herramientas de IA podrían volverse más intuitivas, adaptarse a la intención creativa e incluso **ofrecer**

retroalimentación: sugerencias sobre tono, ritmo o impacto emocional.

El Futuro de la Colaboración Creativa

Adoptar la IA como **socia de trabajo** abre nuevas posibilidades para la narrativa, el diseño, la música y más. Al integrarla estratégicamente en tu proceso, puedes mejorar la eficiencia, ampliar tu paleta creativa y **explorar territorios nunca antes imaginados**.

La creatividad no está siendo automatizada, está siendo **amplificada**.

El futuro del arte no es **humano versus máquina**, sino **humano con máquina**: una alianza que promete **redefinir lo que es posible**.

SESGO ALGORÍTMICO: IDENTIFICAR Y MITIGAR RESULTADOS INJUSTOS

El sesgo algorítmico es uno de los desafíos éticos más urgentes en la era de la inteligencia artificial. Se refiere a errores sistemáticos y repetitivos en sistemas computacionales que generan resultados injustos o discriminatorios, muchas veces de manera no intencional. Estos sesgos no suelen ser producto de un diseño malicioso, sino que **surgen de los datos utilizados para entrenar los modelos de IA**. Como dice el dicho: *"basura entra, basura sale"*. Si se entrena un modelo de aprendizaje automático para reconocer gatos utilizando únicamente imágenes de gatos persas blancos y esponjosos, es posible que no identifique a un elegante pantera negra como un gato. Esta analogía sencilla ilustra un principio central de la IA: **los algoritmos aprenden lo que les enseñamos**, y si los datos de entrenamiento están sesgados o son incompletos, las decisiones del modelo reflejarán esos defectos.

Las consecuencias del sesgo algorítmico pueden ser graves, especialmente en sectores que **impactan directamente la vida de las personas**, como la salud, las finanzas, la contratación laboral y la justicia penal. Por ejemplo, en salud, un sistema de IA entrenado mayoritariamente con datos de un solo grupo demográfico podría diagnosticar erróneamente o tratar de forma inadecuada a personas de otros grupos, profundizando las desigualdades en la atención médica. En el ámbito financiero, algoritmos sesgados pueden negar sistemáticamente el crédito a solicitantes de comunidades subrepresentadas, perpetuando ciclos de desigualdad económica. Y en la justicia penal, se ha demostrado que las herramientas de evaluación de riesgos reflejan—e incluso amplifican—sesgos sistémicos existentes, contribuyendo a un trato desigual ante la ley.

Un caso especialmente documentado de sesgo algorítmico es el de la **tecnología de reconocimiento facial**. Diversos estudios han revelado que estos sistemas funcionan mucho mejor al identificar a personas de piel clara que a personas con tonos de piel más oscuros. ¿La causa principal? Los conjuntos de entrenamiento están compuestos, en su mayoría, por imágenes de personas de piel clara. Como resultado, los modelos tienen dificultades para identificar con precisión a individuos de otros grupos demográficos, lo que tiene implicaciones profundas para la seguridad pública, el control migratorio y la aplicación de la ley. En algunos casos, estas deficiencias han llevado a arrestos erróneos, lo que subraya la urgencia de una **reforma y supervisión adecuadas**.

Otro ejemplo importante es el uso de la IA en **procesos de contratación**. Imaginemos que una empresa utiliza un algoritmo de aprendizaje automático para filtrar solicitudes de empleo. Si el sistema fue entrenado con datos históricos que favorecen a candidatos masculinos, podría aprender a preferir currículums similares a los seleccionados previamente, sin importar las calificaciones reales. Incluso si el género no está explícitamente incluido en los datos, el modelo puede identificar indicadores indirectos, como el nombre o actividades extracurriculares. Sin una intervención deliberada, el resultado puede ser una **forma tecnológicamente reforzada de discriminación**.

Los riesgos del sesgo algorítmico no se limitan a casos individuales. También pueden generar **daños sistémicos**, reduciendo el acceso a oportunidades, aumentando la desigualdad y minando la confianza en la tecnología. La falta de transparencia en muchos sistemas de IA—conocida como el problema de la *"caja negra"*—agrava este riesgo. Si ni los usuarios ni los desarrolladores pueden explicar cómo un algoritmo llega a una decisión, resulta casi imposible auditarlo o impugnar un resultado sesgado.

¿Cómo podemos abordar el sesgo algorítmico?

Afortunadamente, existen varias estrategias para identificar y mitigar el sesgo en los sistemas de IA:

1. Usar datos de entrenamiento diversos y representativos

El paso más crítico es asegurar que los datos utilizados para entrenar los modelos reflejen con precisión la diversidad del mundo real. Esto implica **buscar datos de distintos grupos demográficos** y contextos, evitando que un solo grupo esté sobrerrepresentado o infrarrepresentado. A veces será necesario **recopilar nuevos datos** para llenar vacíos.

2. Realizar pruebas y validaciones rigurosas

Antes de implementar un modelo de IA, debe probarse con distintos conjuntos de datos—especialmente aquellos que representen a su base de usuarios. Las pruebas deben evaluar no solo la precisión, sino también la **equidad y el rendimiento por grupo demográfico**. Sin esta evaluación, los sesgos ocultos pueden pasar desapercibidos y causar daños a largo plazo.

3. Implementar monitoreo y auditorías continuas

El sesgo no es estático. A medida que los sistemas se actualizan o reciben nuevos datos, pueden desarrollar **nuevos sesgos**. El monitoreo constante permite detectar tendencias problemáticas a tiempo. Las auditorías periódicas realizadas por equipos externos **fomentan la transparencia y la rendición de cuentas.**

4. Aplicar técnicas de aprendizaje consciente de la equidad (*fairness-aware learning*)

Existen métodos técnicos diseñados para abordar el sesgo durante el entrenamiento del modelo, como la **reponderación de muestras**, el **desescalamiento adversarial** o el ajuste por **probabilidades igualadas** (*equalized odds*). La técnica adecuada dependerá del tipo de sesgo y del conjunto de datos, y generalmente requiere **pruebas iterativas y ajustes finos.**

5. Mejorar la transparencia e interpretabilidad de los algoritmos

Desarrollar modelos que puedan explicarse y entenderse ayuda a que **usuarios, desarrolladores y partes interesadas comprendan cómo se toman las decisiones.** Esto facilita la detección y corrección de sesgos antes de que causen daños.

6. Involucrar equipos diversos e interdisciplinarios

Mitigar el sesgo no es solo un problema técnico, también es **social y ético.** Los equipos diversos que incluyen tecnólogos, especialistas en ética, científicos sociales y representantes comunitarios **aportan diferentes perspectivas** al diseño de los sistemas. Esta colaboración ayuda a identificar supuestos y puntos ciegos que podrían pasar desapercibidos.

¿Por qué importa?

Combatir el sesgo algorítmico **no es una solución de una sola vez.** Es un proceso continuo que requiere atención, recursos y voluntad de adaptación. A medida que la IA se integra más en nuestras vidas, su influencia sobre la justicia, las oportunidades y la dignidad humana crecerá exponencialmente. **Los riesgos son demasiado grandes para ignorarlos.**

Adoptando conjuntos de datos inclusivos, incorporando

pruebas de equidad en cada etapa del desarrollo y promoviendo la transparencia, podemos construir un futuro en el que la IA no solo **evite hacer daño**, sino que **contribuya activamente a una sociedad más equitativa**. Utilizada con responsabilidad, la inteligencia artificial tiene el potencial de **reducir el sesgo y mejorar la toma de decisiones**—pero solo si **nos comprometemos a diseñarla con intención, ética y responsabilidad**.

PRIVACIDAD Y SEGURIDAD: PROTEGIENDO LOS DATOS EN UN MUNDO IMPULSADO POR LA IA

El auge de la inteligencia artificial ha transformado la forma en que recolectamos, procesamos y utilizamos los datos—dando paso a una era de **capacidad sin precedentes y complejidad creciente**. Si bien la IA permite avances extraordinarios en áreas como la salud, las finanzas y la educación, también plantea **preocupaciones importantes sobre la privacidad y la seguridad**. A medida que los sistemas de IA se vuelven más potentes, el volumen y la sensibilidad de los datos personales que manejan aumentan considerablemente, lo que hace indispensable contar con **protecciones sólidas para salvaguardar los derechos individuales** en este mundo cada vez más orientado por los datos.

El Alcance de la Recolección de Datos

Una de las principales preocupaciones en el desarrollo de la IA es la **magnitud y amplitud de la recopilación de datos**. Para funcionar de manera efectiva, los sistemas de IA suelen requerir conjuntos de datos masivos que incluyen información personal sensible—como datos de ubicación, historiales médicos, hábitos de navegación, transacciones financieras e incluso datos biométricos. Aunque esta información es fundamental para entrenar modelos de IA y mejorar su rendimiento, también implica **riesgos serios de uso indebido, vigilancia o acceso no autorizado**.

Pensemos en los dispositivos inteligentes del hogar. Aunque ofrecen comodidad, también recogen información sobre conversaciones, rutinas y preferencias. De forma similar, los relojes inteligentes o las apps de salud recopilan detalles íntimos que, en caso de ser expuestos, podrían **afectar la vida laboral, el acceso a seguros o la seguridad personal**. Incluso datos aparentemente inofensivos, cuando se agregan y cruzan entre sí, pueden revelar un perfil detallado de una persona—**sin su conocimiento ni consentimiento explícito**.

Reconocimiento Facial y Vigilancia

La implementación de la tecnología de **reconocimiento facial** representa otra área de alta preocupación. Esta tecnología, utilizada ampliamente en vigilancia pública y cuerpos de seguridad, **puede rastrear personas sin que estas lo sepan**, generando dilemas éticos en torno al consentimiento, la precisión y el sesgo. Diversos estudios han demostrado que estos sistemas **funcionan peor en personas con tonos de piel más oscuros**, debido a conjuntos de datos desbalanceados. La **falta de transparencia en su uso agrava el problema**, con consecuencias potencialmente graves en derechos civiles y libertades individuales.

Vulnerabilidades Cibernéticas

Los sistemas de IA también son **vulnerables a ciberataques**. Al procesar y almacenar grandes cantidades de datos personales, se convierten en objetivos atractivos para hackers que buscan explotarlos. Una violación de datos puede derivar en **robo de identidad, fraude financiero, daño reputacional** e incluso en la manipulación de decisiones automatizadas. Por ejemplo, actores maliciosos podrían alterar herramientas de moderación de contenido, modificar diagnósticos médicos o sabotear sistemas de análisis financiero. La creciente sofisticación de estas amenazas exige **mejoras constantes en la seguridad de los sistemas de IA**, incluyendo cifrado, detección de anomalías y almacenamiento seguro.

Marcos Regulatorios

Para mitigar estos riesgos, han surgido marcos legales como el **Reglamento General de Protección de Datos (GDPR)** en la Unión Europea y la **Ley de Privacidad del Consumidor de California (CCPA)** en Estados Unidos. Estas leyes buscan:

- Otorgar a los usuarios **mayor control sobre sus datos personales**
- Exigir **transparencia** en la recolección y uso de datos
- Hacer que las organizaciones rindan cuentas por **mal uso o violaciones de seguridad**

Sin embargo, **la tecnología avanza más rápido que la legislación**. Aunque estos marcos son fundamentales, con frecuencia **no logran mantenerse al día con la innovación**. Por eso es necesario continuar reformando políticas, fomentar la cooperación internacional y promover la participación activa de la industria.

Buenas Prácticas para Proteger los Datos

Proteger los datos personales en el contexto de la IA requiere una estrategia de múltiples capas:

1. Minimización de Datos

Recolectar solo los datos estrictamente necesarios. Adoptar un enfoque de "lo necesario y nada más" reduce la exposición y el riesgo de abuso.

2. Seguridad desde el Diseño (*Security by Design*)

Incorporar medidas de seguridad desde la fase inicial del desarrollo, como cifrado, autenticación multifactor, controles de acceso basados en roles y auditorías periódicas.

3. Transparencia y Explicabilidad

Políticas de privacidad claras y accesibles, así como el desarrollo de sistemas de IA explicables (*XAI*), ayudan a que los usuarios comprendan **cómo se usa su información y cómo se toman decisiones automatizadas.**

4. Consentimiento y Control del Usuario

Los usuarios deben dar un **consentimiento informado y claro**, y tener la posibilidad de retirarlo en cualquier momento. Las interfaces deben facilitar la gestión de preferencias de privacidad.

5. Anonimización y Pseudonimización

Cuando sea posible, se deben eliminar o enmascarar los identificadores personales. Estas técnicas **disminuyen el riesgo de reidentificación** en caso de filtraciones.

6. Respuesta ante Incidentes y Gestión de Brechas

Incluso con precauciones, pueden ocurrir filtraciones. Es vital tener un **plan de respuesta bien definido** que incluya detección, contención, mitigación y notificación rápida a los afectados.

7. Cultura de Ética de Datos

La privacidad y la ética deben estar integradas en la cultura organizacional. Esto implica **capacitación interna, auditorías**

éticas y responsabilidad clara en todos los niveles.

Construyendo Confianza Pública

La privacidad y la seguridad no son solo asuntos técnicos: **son fundamentales para la confianza social.** Cuando las personas comprenden cómo se usan sus datos, tienen control sobre ellos y las organizaciones actúan con transparencia, **se construye confianza.** Y esa confianza es esencial para que las tecnologías de IA continúen evolucionando y siendo adoptadas a gran escala.

Mirando hacia el Futuro

A medida que la IA continúa evolucionando, también deben hacerlo **los marcos que gestionan sus riesgos.** El enfoque debe ser colaborativo. Los desarrolladores deben diseñar con la privacidad en mente. Los legisladores deben crear normas **adaptables y con visión de futuro.** Y los ciudadanos deben estar informados y empoderados para tomar decisiones sobre sus vidas digitales.

El futuro de la inteligencia artificial depende de nuestra capacidad para **equilibrar innovación con integridad.** La privacidad y la seguridad deben ser principios rectores—no ideas de último momento. Solo así podremos construir un futuro donde la IA mejore nuestras vidas **sin comprometer nuestros derechos.**

TRANSPARENCIA Y EXPLICABILIDAD: ENTENDIENDO CÓMO FUNCIONAN LOS SISTEMAS DE IA

A medida que los sistemas de inteligencia artificial se integran cada vez más en nuestra vida cotidiana, la **demanda de transparencia y explicabilidad** nunca ha sido más urgente. Aunque la IA ofrece enormes beneficios—procesando grandes volúmenes de datos, identificando patrones y tomando decisiones en tiempo real—muchas veces lo hace a través de modelos complejos cuyos procesos internos son **opacos para la mayoría de los usuarios**. Este fenómeno, conocido como el problema de la "**caja negra**", plantea desafíos éticos y prácticos considerables, especialmente cuando se trata de **contextos sensibles** como la salud, la justicia penal o las finanzas.

Imaginemos una solicitud de crédito rechazada por un sistema basado en IA. Naturalmente, el solicitante quiere saber por qué. Sin una explicación, la decisión puede parecer **arbitraria o incluso discriminatoria**. Esta falta de transparencia erosiona la confianza, impide la rendición de cuentas y **oculta posibles errores o sesgos**.

¿Por Qué Importa la Transparencia?

La transparencia no es solo un atributo deseable: es un **requisito esencial para el desarrollo responsable de la IA**. Si las personas no entienden cómo un sistema llega a sus conclusiones, se vuelve difícil:

- Evaluar la **justicia** de la decisión
- Identificar y corregir **errores o sesgos**
- Fomentar la **confianza** del usuario
- Garantizar la **responsabilidad legal o regulatoria**

En pocas palabras, un sistema de IA que no se puede entender **no se puede confiar**. Y la confianza es la base de una implementación ética de la inteligencia artificial.

La Complejidad de la Explicabilidad

Lograr que la IA sea explicable es un reto por varias razones:

1. Complejidad del Modelo

Los modelos modernos de IA, en especial las redes neuronales profundas, pueden tener millones o incluso miles de millones de parámetros. Detectan patrones que a menudo **no son trazables ni interpretables fácilmente por humanos**, lo que dificulta explicar un resultado de manera sencilla.

2. Sesgos en los Datos de Entrenamiento

Los sistemas de IA aprenden de los datos que reciben. Si esos datos están sesgados—por ejemplo, si ciertos grupos están subrepresentados—el sistema puede reproducir y amplificar esos sesgos.

3. Algoritmos Opacos

Algunos algoritmos, como los árboles de decisión o las regresiones lineales, pueden ser más comprensibles. Pero otros, como los modelos de deep learning, operan de forma abstracta, lo que hace que **comprender su razonamiento interno requiera herramientas y conocimientos especializados**.

Estrategias para una IA Más Explicable

A pesar de los desafíos, existen avances significativos mediante soluciones técnicas y procedimentales:

• IA Explicable (XAI)

Se refiere a técnicas diseñadas para **desmitificar los modelos de IA**, proporcionando visualizaciones, explicaciones textuales o modelos simplificados que imitan el comportamiento de sistemas complejos. Estas herramientas pueden resaltar qué variables influyeron más en una decisión o mostrar una lógica paso a paso.

• Modelos Interpretables

Cuando sea posible, es preferible utilizar modelos más sencillos (como árboles de decisión) en contextos donde la transparencia sea prioritaria—por ejemplo, en salud o finanzas—aunque se sacrifique algo de precisión.

• Diseño Modular

Al diseñar sistemas de IA con **arquitecturas modulares**, es más fácil aislar los pasos de decisión y entender cómo se llegó a un resultado, lo que facilita la auditoría y la mejora.

• Transparencia en los Datos

Documentar claramente **cómo se recolectaron, limpiaron y etiquetaron los datos** permite detectar sesgos y mejorar la equidad del sistema.

• Documentación y Reportes Técnicos

Herramientas como *model cards* (tarjetas de modelo) y *datasheets* (fichas de datos) resumen las capacidades, limitaciones y usos previstos de un modelo de manera estandarizada, fomentando un desarrollo y despliegue responsable.

Construyendo Confianza y Responsabilidad

La explicabilidad es central para generar **confianza pública**. Los usuarios están más dispuestos a aceptar decisiones automatizadas si entienden cómo se toman, especialmente cuando esas decisiones **afectan directamente sus vidas**. En industrias como los seguros, el empleo o la justicia penal, la ausencia de razones claras puede provocar **escepticismo, demandas legales y daño reputacional**.

Además, la transparencia es clave para garantizar la **rendición de cuentas**. Si un sistema de IA comete un error, es fundamental poder identificar qué salió mal, quién fue responsable y cómo corregirlo. Sin explicabilidad, rastrear errores o sesgos se vuelve prácticamente imposible.

El Desafío de los Compromisos

Hay que reconocer que aumentar la explicabilidad puede **afectar el rendimiento**. Simplificar un modelo complejo para hacerlo comprensible puede reducir su precisión. El desafío está en **encontrar el equilibrio adecuado**: herramientas que ofrezcan tanto buen desempeño como claridad significativa. Este es un foco central de la investigación actual en IA.

Mirando al Futuro: Un Enfoque Centrado en el Ser Humano

El futuro de la IA ética requiere inversión continua en **transparencia y explicabilidad**, no solo a nivel técnico, sino también dentro de marcos organizacionales y sociales más amplios. Esto implica:

- Capacitar a desarrolladores y diseñadores para que prioricen la interpretabilidad

- Involucrar a **especialistas en ética, reguladores y comunidades afectadas** en el diseño de sistemas
- Fomentar la colaboración interdisciplinaria entre científicos de datos, expertos sociales y juristas

A largo plazo, la explicabilidad no debe ser un añadido, sino un **requisito básico** de cualquier sistema de IA que impacte la vida de las personas.

Conclusión

El camino hacia una IA responsable exige **compromiso con la claridad, la responsabilidad y la supervisión humana**. A medida que la IA se vuelve más poderosa y omnipresente, entender cómo funcionan estos sistemas—y asegurarnos de que reflejen nuestros valores humanos—será esencial para su uso ético.

La "caja negra" debe dar paso a la transparencia. Al desmitificar la IA, no solo fomentamos su adopción y confianza, sino que también **empoderamos a las personas para cuestionar, mejorar y guiar estas tecnologías hacia resultados más justos e inclusivos**.

RESPONSABILIDAD Y RENDICIÓN DE CUENTAS: ¿QUIÉN RESPONDE CUANDO LA IA COMETE ERRORES?

En el capítulo anterior exploramos la importancia de la transparencia y la explicabilidad en los sistemas de inteligencia artificial. Sin embargo, incluso la explicación más clara sobre cómo funciona un sistema de IA no responde a una de las preguntas más urgentes cuando algo sale mal: **¿quién es responsable?** Esta es la creciente problemática de la rendición de cuentas en la era de la inteligencia artificial.

Desde accidentes con vehículos autónomos hasta algoritmos de contratación sesgados o diagnósticos médicos erróneos, la **complejidad de los sistemas modernos de IA dificulta enormemente atribuir responsabilidades**. A diferencia de las tecnologías tradicionales, la IA opera mediante redes complejas de datos, algoritmos e intervención humana, generando un **laberinto legal y ético** cuando se producen fallos.

Estudio de Caso: Autos Autónomos

Imaginemos que un vehículo autónomo se ve involucrado en una colisión. ¿La culpa recae en los ingenieros de software que diseñaron el algoritmo? ¿En los fabricantes de sensores defectuosos? ¿En el conductor de seguridad humano que no intervino a tiempo? ¿O acaso el vehículo simplemente tomó la mejor decisión posible en una situación imposible?

Estas no son preguntas hipotéticas. Casos reales han demostrado cuán difícil es **atribuir la culpa en incidentes protagonizados por IA**. Determinar la responsabilidad requiere análisis forenses complejos, investigaciones interdisciplinarias y revisiones legales exhaustivas. El resultado: procesos judiciales largos, responsabilidades difusas y, en algunos casos, **una disminución de la confianza pública** en las tecnologías emergentes.

Más Allá del Asfalto: Sectores de Alto Riesgo

En el ámbito de la salud, la complejidad es similar. Supongamos que una herramienta de diagnóstico basada en IA etiqueta erróneamente una enfermedad grave como benigna, retrasando un tratamiento esencial. ¿Debe responsabilizarse a los desarrolladores por el error del algoritmo? ¿Al hospital por confiar en una herramienta imperfecta? ¿O al médico que decidió basarse en la recomendación de la IA?

En la justicia penal, el panorama es aún más delicado. Algoritmos de evaluación de riesgo usados para predecir reincidencia han replicado sesgos raciales y socioeconómicos presentes en los datos históricos. Si a un acusado se le niega la libertad bajo fianza o recibe una sentencia más larga debido a un algoritmo sesgado, ¿quién es responsable? ¿Los desarrolladores? ¿El tribunal que lo utilizó? ¿Los legisladores que autorizaron su implementación?

Cada actor tiene un papel, pero nuestros sistemas legales

actuales carecen de la **flexibilidad y el marco conceptual** para asignar responsabilidades de forma justa y clara.

El Vacío Legal y Ético

Uno de los principales problemas es que **las leyes actuales no fueron diseñadas para enfrentar los desafíos de la IA**. La mayoría de los sistemas legales suponen la existencia de intención humana, negligencia o acción directa—criterios difíciles de aplicar a sistemas autónomos. Desarrolladores, fabricantes, usuarios y operadores pueden compartir la responsabilidad, pero **la cadena de rendición de cuentas suele ser ambigua**.

Las consecuencias de esta incertidumbre legal incluyen:

- Empresas que **retrasan la adopción** de tecnologías por temor a ser demandadas
- Desarrolladores que **evitan innovar** ante la falta de protección jurídica
- Víctimas de errores algorítmicos que no logran **obtener justicia ni compensación**

Sin claridad legal, se erosiona la confianza pública y se pierden oportunidades valiosas que la IA podría ofrecer.

Hacia un Marco de Responsabilidad para la IA

Para abordar estos retos, se requiere un enfoque multifacético:

1. Definir la Responsabilidad en el Contexto de la IA

Las leyes deben evolucionar para considerar la toma de decisiones distribuida que caracteriza a la IA. Algunas jurisdicciones ya exploran conceptos como **"responsabilidad algorítmica"** o adaptaciones de la ley de responsabilidad por productos. Esto puede incluir nuevas categorías legales como **"desarrollador de IA"**, **"operador de IA"** o **"desplegador de IA"**.

2. Asignar la Responsabilidad Según el Rol

La rendición de cuentas debe alinearse con las funciones dentro del ciclo de vida de la IA. Los desarrolladores podrían ser responsables por la precisión técnica, mientras que quienes implementan la IA serían responsables de su supervisión, uso ético y transparencia.

3. Establecer Auditorías y Mecanismos de Supervisión

Los sistemas de IA deben someterse a auditorías independientes —como ocurre en el sector financiero—para evaluar imparcialidad, sesgos, fiabilidad y rendimiento en el mundo real. Las **normas de reporte obligatorio** facilitarían la detección temprana de riesgos.

4. Crear y Aplicar Regulaciones Específicas para la IA

Los marcos regulatorios deben abordar temas como:

- Gobernanza de datos y privacidad
- Transparencia algorítmica
- Reporte de incidentes y mecanismos de corrección
- Procesos de compensación para personas afectadas

La **cooperación internacional** será clave. De lo contrario, podría surgir **arbitraje regulatorio**, donde las empresas muden sus operaciones a países con menos exigencias.

5. Establecer Protocolos de Respuesta ante Incidentes con IA

Si un sistema de IA causa daño, las personas deben saber qué recursos tienen. Así como las empresas deben notificar filtraciones de datos, también deberían estar obligadas a reportar fallas graves de IA y emprender acciones correctivas.

6. Fomentar la Colaboración Interdisciplinaria

Expertos en tecnología, ética, derecho, negocios y sociedad civil deben colaborar para desarrollar políticas que reflejen tanto la realidad técnica como los valores sociales. **La IA ética no es solo** un reto técnico—es un desafío social.

La Confianza Exige Responsabilidad

Sin mecanismos claros de rendición de cuentas, los errores relacionados con IA pueden causar **daños duraderos**—no solo a las personas afectadas, sino también a la confianza pública en la tecnología. Generar confianza requiere sistemas con responsabilidades bien definidas, supervisión robusta y **remedios eficaces para cuando algo falla**.

La responsabilidad no se trata únicamente de asignar culpa. Se trata de construir sistemas que **respeten los derechos humanos, promuevan la justicia y ganen la confianza de las personas** a las que sirven.

Conclusión

A medida que la inteligencia artificial se arraiga en sectores críticos, debemos enfrentar una pregunta crucial: **¿qué sucede cuando las cosas salen mal?** Responder a esa pregunta implica repensar el marco legal, clarificar los roles y **tejer la responsabilidad en cada etapa del desarrollo de la IA**.

Este desafío no se resolverá de la noche a la mañana. Pero mediante políticas proactivas, diseños transparentes y un compromiso firme con los principios éticos, podemos garantizar que la IA no solo funcione bien, sino que también respalde los **estándares de justicia, responsabilidad y equidad** que la sociedad espera.

CONSTRUYENDO CONFIANZA EN LA IA: PROMOVIENDO UN DESARROLLO Y DESPLIEGUE ÉTICO

Construir confianza en la inteligencia artificial no es solo un reto tecnológico, sino una **necesidad social urgente**. El potencial transformador de la IA abarca casi todos los sectores —desde la salud y las finanzas hasta la educación y la seguridad pública—pero **aprovechar estos beneficios depende de abordar preocupaciones éticas fundamentales** y garantizar un desarrollo y uso responsable. Esto requiere un enfoque integral que abarque **todo el ciclo de vida de la IA**, desde la recolección de datos hasta la supervisión continua del sistema.

Equidad y Mitigación de Sesgos

Uno de los pilares del desarrollo ético de la IA es la **equidad**. Los sistemas de IA aprenden de los datos, y cuando esos datos reflejan **sesgos sociales existentes**—ya sean raciales, de género o económicos—el modelo tiende a **replicarlos e incluso amplificarlos**. Por ejemplo, se ha demostrado que los sistemas de reconocimiento facial presentan **mayores tasas de error al identificar a personas con tonos de piel más oscuros**, debido a conjuntos de datos poco representativos.

Para combatir este problema, es necesario:

- Utilizar **conjuntos de datos diversos, inclusivos y representativos**
- Aplicar **pruebas rigurosas antes del despliegue**
- Realizar **validaciones y auditorías continuas** en todos los grupos demográficos

El sesgo no desaparece una vez que se lanza un modelo. Se requiere una **actualización constante**, retroalimentación de usuarios y auditorías regulares para detectar y corregir problemas emergentes. Además, la **transparencia en la procedencia de los datos y el diseño algorítmico** es esencial para permitir la revisión independiente y fomentar la **rendición de cuentas pública**.

Protección de la Privacidad y Ética de los Datos

La privacidad de los datos es otro pilar esencial para generar confianza en la IA. Muchos sistemas de IA dependen de grandes volúmenes de información personal, desde **datos de ubicación y navegación**, hasta **registros médicos y biométricos**, lo que conlleva **riesgos serios de mal uso, vigilancia o filtraciones**.

El desarrollo ético de la IA debe priorizar:

- Marcos robustos de **gobernanza de datos**
- Cumplimiento de regulaciones como el **GDPR (Europa)** y la **CCPA (California)**
- Aplicación de técnicas de **anonimización y privacidad diferencial**
- Mecanismos claros para el **consentimiento informado** y el **control del usuario sobre sus datos**

La **minimización de datos**—recoger solo lo estrictamente necesario—debe ser un principio rector en cualquier sistema de IA.

Explicabilidad y Transparencia

La confianza en la IA se ve gravemente afectada cuando los usuarios no pueden entender cómo se toman las decisiones. Muchos modelos—especialmente los de aprendizaje profundo—operan como **"cajas negras"**, ocultando su lógica interna.

La **IA explicable (XAI)** busca resolver este problema mediante herramientas que:

- Visualizan los **factores clave en la toma de decisiones**
- Resaltan los **datos de mayor influencia**
- Proporcionan **resúmenes comprensibles** del funcionamiento algorítmico

Aunque lograr una transparencia total en modelos complejos sigue siendo difícil, las **mejoras incrementales en la explicabilidad** son posibles—y necesarias—para generar **confianza y cumplir con las normativas**.

Responsabilidad y Marco Legal

No puede haber confianza sin responsabilidad. Cuando los sistemas de IA generan daño—por sesgo, fallos o desinformación—deben existir **mecanismos claros para asignar responsabilidades** y ofrecer reparación a los afectados.

Construir esta responsabilidad requiere:

- Establecer **marcos legales específicos para los riesgos de la IA**
- Aclarar los roles de **desarrolladores, operadores y**

usuarios

- Crear **canales de reclamo para personas afectadas**

- Establecer **organismos de supervisión independientes** para auditar los sistemas

La colaboración internacional es esencial para evitar **vacíos regulatorios** y asegurar coherencia entre países.

Educación, Cultura y Participación Pública

Promover una IA ética también exige una **sociedad informada** y una **cultura organizacional responsable**. Educar tanto a profesionales técnicos como al público general sobre los **riesgos, capacidades y dimensiones éticas** de la IA fortalece la resiliencia colectiva.

Entre las estrategias recomendadas se incluyen:

- Incluir **ética de la IA en programas de educación STEM**

- Organizar **foros públicos** sobre tecnologías emergentes

- Ofrecer **formación corporativa** en IA responsable

- Fomentar **canales internos de denuncia ética** y comités de revisión en las empresas

En las organizaciones, debe cultivarse una cultura de **responsabilidad y diversidad**, complementando las pruebas técnicas con **evaluaciones de riesgo ético**.

Monitoreo Continuo y Retroalimentación

Los sistemas de IA cambian con el tiempo. Se adaptan a nuevos datos y entornos, lo que hace que el **monitoreo continuo** sea vital. Un sistema justo al momento de su lanzamiento **no garantiza desempeño sostenido**.

La construcción de confianza requiere:

- Ciclos de retroalimentación con **usuarios y partes interesadas**
- **Auditorías posteriores al despliegue**
- Mecanismos para **medir el impacto en el mundo real**
- **Actualizaciones adaptativas** alineadas con valores éticos

El desarrollo responsable de la IA **no es un evento puntual**, sino un **proceso iterativo**, continuo y colaborativo.

Conclusión

Construir confianza en la inteligencia artificial exige mucho más que excelencia técnica. Requiere un enfoque integral basado en la **equidad, la privacidad, la transparencia, la responsabilidad, la educación pública y la supervisión activa**. Solo al integrar principios éticos en **todo el ciclo de vida de la IA**, podemos asegurar que esta tecnología no solo sea poderosa, sino también **digna de confianza, inclusiva y alineada con los valores humanos**.

No se trata de una meta que se alcanza una sola vez. Es un compromiso a largo plazo—una **colaboración constante entre tecnólogos, legisladores, comunidades y usuarios**—para garantizar que la IA sea una fuerza de bien en la sociedad.

LA PROPAGACIÓN DE LA DESINFORMACIÓN: CÓMO LA IA AGRAVA EL PROBLEMA

El rápido avance de la inteligencia artificial ha dado paso a una era de **capacidades tecnológicas sin precedentes**, pero también ha abierto nuevas vías para la **manipulación y el engaño**. Uno de los desafíos más significativos que plantea la IA es su potencial para **exacerbar la propagación de la desinformación**. La facilidad con la que puede generar contenido falso pero realista —combinada con la velocidad y alcance de las plataformas digitales— ha creado una **tormenta perfecta** para la difusión de noticias falsas y *deepfakes*, desdibujando los límites entre la realidad y la ficción.

El Rol de la IA en la Desinformación

La desinformación generada por IA surge de la convergencia de tecnologías poderosas. Hoy en día, cualquier persona con acceso a una interfaz amigable puede generar **imágenes, videos y audios falsos de apariencia realista**. Conocidos como *deepfakes*, estos contenidos pueden mostrar a figuras públicas diciendo o haciendo cosas que nunca ocurrieron. Lo que antes estaba reservado a expertos técnicos, ahora está **al alcance de cualquier usuario**, lo que **aumenta drásticamente el riesgo de mal uso**.

Y el impacto no se limita a los medios visuales. Los modelos de procesamiento de lenguaje natural (NLP) pueden redactar **noticias falsas, publicaciones en redes sociales o blogs** con una calidad gramatical impecable, tono emocional y contexto convincente, lo que dificulta que el lector promedio identifique su falta de autenticidad. Además, estos textos pueden **explotar sesgos cognitivos**, adaptando mensajes a públicos específicos para maximizar su impacto psicológico.

Las redes sociales agravan el problema. Sus algoritmos, impulsados por la búsqueda de interacción, **premian el contenido sensacionalista**, lo que amplifica la visibilidad de la información falsa. Cuando el contenido generado por IA toca temas emocionales o polémicos, puede volverse viral antes de que los verificadores de datos logren intervenir. Se genera así un **ciclo de retroalimentación tóxica**: la desinformación se propaga, se comparte masivamente, y resulta cada vez más difícil de corregir.

Consecuencias Reales

Las implicaciones de esta nueva era informativa son amplias y graves:

- **Debilita la confianza** en instituciones democráticas, medios y autoridades científicas
- **Fomenta la polarización social**, alineándose con narrativas divisivas
- **Compromete la seguridad pública**, especialmente durante crisis sanitarias
- **Afecta procesos electorales**, manipulando la percepción de los votantes con contenido falso

Ya hemos visto ejemplos preocupantes: *deepfakes* de figuras públicas haciendo declaraciones incendiarias, consejos médicos falsos promovidos por IA y artículos de noticias falsos difundidos por *bots*—todos síntomas de un **ecosistema informativo alimentado por inteligencia artificial**.

Cómo Combatir la Desinformación Generada por IA

Las soluciones tecnológicas evolucionan rápidamente. Investigadores están desarrollando sistemas para **detectar contenido manipulado**, en una verdadera carrera entre los generadores de desinformación y sus detectores. Herramientas de detección de *deepfakes* analizan **anomalías en píxeles, patrones de parpadeo, sincronización labial** y otros detalles. Además, iniciativas como **Adobe Content Authenticity Initiative** buscan verificar la autenticidad de los archivos mediante marcas digitales y trazabilidad del contenido.

Pero la tecnología por sí sola **no es suficiente**. Se necesita un enfoque integral que incluya:

1. Alfabetización Mediática y Educación Pública

Capacitar a las personas para que evalúen críticamente la información es crucial. Las campañas de alfabetización mediática deben:

- Enseñar a **reconocer contenido generado por IA**
- Fomentar el escepticismo ante titulares sensacionalistas
- Explicar las **tácticas de manipulación informativa**
- Incluir formación a **periodistas, docentes y legisladores**

La educación crítica es nuestra primera línea de defensa.

2. Responsabilidad de las Plataformas

Las redes sociales y sitios de contenido deben asumir un papel activo:

- Invertir en sistemas robustos de **detección y eliminación** de contenido engañoso
- Etiquetar o reducir la visibilidad de publicaciones potencialmente falsas
- **Colaborar con verificadores de datos** y centros de investigación para establecer mejores prácticas

Estas plataformas deben equilibrar la **libertad de expresión** con la **responsabilidad ética de prevenir el daño**.

3. Políticas Públicas y Regulación

Los gobiernos pueden contribuir mediante:

- Leyes que regulen la creación y distribución maliciosa de *deepfakes*
- Transparencia en la **publicidad política y el contenido electoral**
- Financiamiento a la investigación pública sobre desinformación y ética tecnológica

Las regulaciones deben ser **flexibles, técnicamente informadas y construidas con participación de la sociedad civil**.

4. Colaboración Intersectorial

Resolver este problema exige coordinación entre:

- Empresas tecnológicas (que desarrollan las herramientas)
- Gobiernos (que regulan su uso)
- Educadores (que forman ciudadanos críticos)
- Organizaciones civiles (que promueven la ética y la

rendición de cuentas)

El Camino a Seguir

La lucha contra la desinformación generada por IA **es urgente y continua**. Aunque las herramientas de detección y las políticas mejoran, la **conciencia pública y la educación crítica** seguirán siendo las defensas más eficaces. Ignorar esta amenaza solo alimentaría la desconfianza institucional y profundizaría las divisiones sociales.

Fomentando el pensamiento crítico, desarrollando IA responsable y construyendo alianzas entre sectores, podemos **proteger la integridad del discurso público**. El desafío es enorme—pero también lo es la oportunidad de construir un futuro digital donde la **verdad y la confianza puedan prosperar**.

IDENTIFICACIÓN DE DESINFORMACIÓN GENERADA POR IA: HERRAMIENTAS Y TÉCNICAS

La capacidad de la inteligencia artificial para generar desinformación cada vez más realista representa un desafío significativo. Sin embargo, también ha surgido un arsenal creciente de **herramientas y técnicas para detectar y contrarrestar estas falsificaciones**. Aunque ningún método es infalible—especialmente dado el avance acelerado de las tecnologías generativas—estas estrategias constituyen **pasos cruciales en la lucha contra las noticias falsas y los *deepfakes***.

Análisis de Metadatos

Una de las técnicas más prometedoras para detectar imágenes o videos manipulados es el **análisis de metadatos**. Estos datos, invisibles para el usuario promedio, contienen información clave sobre **cuándo, dónde y cómo se creó o modificó un archivo digital**. Elementos como la fecha de creación, el modelo del dispositivo o el software utilizado pueden revelar incoherencias.

Por ejemplo, si un video afirma ser de 2020, pero sus metadatos muestran que fue creado en 2023, esto genera una alerta inmediata.

Aunque actores maliciosos pueden intentar borrar o falsificar los metadatos, existen herramientas automatizadas capaces de **identificar anomalías**, lo cual ofrece a periodistas e investigadores una vía valiosa para verificar la autenticidad de contenidos.

Análisis Forense Visual y de Audio

Más allá de los metadatos, el análisis forense de elementos visuales y sonoros puede detectar **huellas sutiles de manipulación generada por IA**. Los *deepfakes*, por ejemplo, pueden presentar artefactos visuales como:

- Iluminación incoherente
- Parpadeo antinatural
- Distorsión en la zona de la boca y los ojos

Aunque estos detalles suelen pasar desapercibidos para el ojo humano, **algoritmos especializados de detección** pueden identificarlos con precisión. En el caso del audio, las grabaciones sintéticas pueden analizarse en busca de **patrones de entonación irregulares**, cambios en el tono o inconsistencias en comparación con la voz original del orador.

Estas herramientas de detección **evolucionan junto con los modelos generativos**, mejorando su capacidad de respuesta ante contenidos falsificados cada vez más realistas.

Análisis Narrativo y Lingüístico

Otra técnica clave es el **análisis del contenido textual**. Si bien los modelos de lenguaje actuales pueden generar textos fluidos y gramaticalmente correctos, **todavía presentan debilidades en**

coherencia profunda, matices emocionales y lógica narrativa. Algunos indicadores de generación automática incluyen:

- Líneas de tiempo poco creíbles

- Emociones superficiales o inconsistentes

- Frases genéricas o sin profundidad

- Fuentes no verificadas o inexistentes

Evaluar la **estructura, lógica y credibilidad** de un texto— especialmente si busca provocar una fuerte reacción emocional —puede revelar signos de autoría automática.

Plataformas de Verificación de Hechos

Sitios como **Snopes**, **PolitiFact** y **FactCheck.org** ofrecen bases de datos de afirmaciones verificadas. Aunque no detectan directamente si un contenido fue generado por IA, permiten **verificar la veracidad de afirmaciones**, sean automáticas o humanas.

Además, están surgiendo **herramientas de verificación impulsadas por IA** que comparan grandes volúmenes de fuentes confiables para **evaluar la plausibilidad del contenido en tiempo real**. Combinadas con el escepticismo informado del usuario, estas herramientas **aumentan significativamente las probabilidades de detectar desinformación** antes de que se propague.

Análisis del Contexto en Redes Sociales

Muchas campañas de desinformación utilizan **actividades coordinadas en redes sociales**, como cuentas falsas o *bots* que amplifican narrativas específicas. Algunos patrones sospechosos incluyen:

- Reposteos masivos en poco tiempo

- Mensajes idénticos en múltiples cuentas
- Aumentos inusuales de interacción

Herramientas de monitoreo de redes están siendo utilizadas para **mapear estas redes** y señalar **comportamientos inauténticos** que pueden indicar campañas artificiales de desinformación.

Educación Mediática y Pensamiento Crítico

Además de las herramientas tecnológicas, **la alfabetización mediática sigue siendo fundamental**. Las personas deben aprender a formular preguntas clave como:

- ¿Quién creó este contenido?
- ¿Cuál es su fuente?
- ¿Existen otras perspectivas o versiones?
- ¿Qué evidencia respalda esta afirmación?

Programas educativos—en escuelas, universidades y campañas públicas—deben promover un **escepticismo saludable** que proteja contra la manipulación, sin caer en el cinismo o la paranoia.

Marcas de Agua y Autenticación de Contenido

Una defensa emergente es el uso de **marcas de agua digitales invisibles**. Estas se integran en archivos de audio, imagen o video para verificar su **autenticidad y origen**. Aunque aún no hay un estándar universal, iniciativas como la **Content Authenticity Initiative (CAI)** y la **C2PA (Coalition for Content Provenance and Authenticity)** están trabajando para **establecer protocolos comunes** que distingan contenido real de manipulado.

Un Enfoque Multicapa

Detectar desinformación generada por IA requiere una **estrategia combinada**:

- Herramientas tecnológicas avanzadas
- Análisis narrativo y lingüístico
- Plataformas de verificación de datos
- Evaluación del contexto y la intención
- Formación crítica de los ciudadanos

Ningún método funciona por sí solo, pero **la combinación de estos enfoques fortalece nuestra capacidad colectiva** para identificar y resistir contenido engañoso.

Conclusión

A medida que la desinformación generada por IA se vuelve más sofisticada, **nuestras defensas deben evolucionar en paralelo**. Esto exige una inversión constante en investigación, colaboración entre sectores, educación pública y marcos regulatorios que fomenten la **transparencia y la responsabilidad en la creación de contenido**.

Fortalecer nuestros métodos de detección y fomentar el compromiso crítico con los medios no solo protege la verdad: **fortalece la resiliencia de la sociedad frente a los desafíos del ecosistema informativo moderno**.

COMBATIR LA PROPAGACIÓN DE LA DESINFORMACIÓN: ESTRATEGIAS Y SOLUCIONES

La lucha contra la desinformación generada por inteligencia artificial no es solo un problema tecnológico; es un desafío **multidimensional** que requiere una **respuesta coordinada** de plataformas digitales, educadores, legisladores y ciudadanos. Dado que las redes sociales son los principales canales de difusión de contenido falso o engañoso, estas plataformas **tienen una gran responsabilidad** en mitigar su propagación.

Responsabilidad de las Plataformas Digitales

Si bien la **moderación algorítmica de contenido** ha mejorado, todavía es imperfecta. Una de las necesidades más urgentes es lograr **mayor transparencia sobre cómo funcionan los algoritmos de las plataformas**, en especial, cómo **priorizan y amplifican ciertos contenidos**. Sin este entendimiento, es difícil evaluar hasta qué punto los algoritmos están **impulsando desinformación de manera inadvertida**.

Las plataformas deben:

- **Invertir en herramientas avanzadas de detección**, capaces de identificar *deepfakes* y otros medios sintéticos

- **Actualizar sus sistemas en tiempo real**, al ritmo de las técnicas emergentes utilizadas por actores maliciosos

- **Facilitar la denuncia de contenido sospechoso por parte de los usuarios**, con respuestas claras y rápidas

- **Aplicar políticas de moderación transparentes y participativas**, que fomenten la confianza y el compromiso comunitario

Además, deberían **comunicar activamente** sus políticas y acciones. Las campañas de sensibilización, el contenido educativo y los informes regulares sobre tendencias de desinformación ayudan a **empoderar a los usuarios y promover el pensamiento crítico**.

Educación y Alfabetización Mediática

La educación es una de las herramientas **más poderosas y sostenibles** contra la desinformación. Los programas de **alfabetización mediática** deben ser parte integral del currículo escolar, desde la educación básica hasta el nivel universitario.

Estos programas deben enseñar a:

- Evaluar la **credibilidad de las fuentes**

- Reconocer **manipulación emocional y falacias lógicas**

- Identificar **tácticas comunes de desinformación**

- Comprender **cómo y por qué se propagan noticias falsas**

Métodos como **estudios de caso reales**, aprendizaje interactivo y ejercicios prácticos hacen que estos aprendizajes sean aplicables al mundo digital actual.

Los **docentes también necesitan capacitación**, no solo para enseñar estos temas, sino para ser líderes informados en el aula digital. Esto incluye:

- Reconocer contenido manipulado
- Promover discusiones éticas sobre la verdad y el sesgo
- Modelar **conducta digital responsable**

A medida que evolucionan las tácticas de desinformación, **los sistemas educativos deben actualizarse con agilidad** para seguir siendo efectivos.

Rol de los Gobiernos y Legisladores

Los legisladores enfrentan el reto de **proteger la libertad de expresión** mientras **limitan el daño de la desinformación**. En lugar de recurrir a la censura, la legislación debe **fomentar la transparencia y la rendición de cuentas** por parte de las plataformas digitales.

Acciones clave incluyen:

- Exigir **divulgación de algoritmos y reglas de priorización**
- Establecer **estándares para el registro y reporte de contenido moderado**
- Crear **marcos para denunciar y rastrear contenido falso**
- Legislar contra la **creación maliciosa de** *deepfakes* con fines de fraude, difamación o manipulación

Al mismo tiempo, **deben protegerse usos legítimos** de la IA en arte, investigación y periodismo. Para lograr este equilibrio, se necesita **colaboración entre tecnólogos, defensores de derechos digitales, expertos en ética y gobiernos.**

Investigación, Innovación y Alianzas

Los gobiernos también tienen un papel clave en **financiar la innovación tecnológica.** Es vital apoyar el desarrollo de herramientas como:

- Detección en tiempo real de *deepfakes*
- Marcas digitales para autenticación de contenido
- Sistemas de trazabilidad y atribución de desinformación
- Modelos de IA explicables y auditables

El financiamiento debe abarcar tanto al sector académico como al privado, promoviendo **colaboraciones entre sectores** para soluciones más integrales.

Colaboración Global y Estándares Compartidos

Dado que la desinformación es **un problema sin fronteras,** es esencial crear **marcos internacionales** y compartir **mejores prácticas** entre países y plataformas. Las organizaciones multilaterales, las ONG y las empresas tecnológicas deben trabajar juntas para:

- Establecer **estándares éticos globales**
- Compartir datos y hallazgos de investigaciones
- Desarrollar **protocolos interoperables de autenticación y verificación**

Conclusión

El auge de la desinformación generada por IA no es un problema pasajero; es un **reto definitorio de la era digital**. Para enfrentarlo de forma efectiva, debemos:

- Fomentar una **cultura de alfabetización mediática**
- Promover **la responsabilidad cívica y digital**
- Desarrollar **tecnología resiliente y responsable**
- Establecer **leyes claras y justas que promuevan la transparencia**

El futuro de la verdad en la esfera pública **no dependerá solo de algoritmos más inteligentes**, sino de una sociedad **preparada para cuestionar, verificar y exigir rendición de cuentas en el mundo digital**. Con una acción coordinada y sostenida, podemos **proteger la integridad del discurso y la confianza social en la era de la inteligencia artificial**.

EL ROL DE LA IA EN LA DETECCIÓN DE LA DESINFORMACIÓN: USAR LA TECNOLOGÍA CONTRA SÍ MISMA

La ironía es evidente: las mismas tecnologías de inteligencia artificial capaces de generar *deepfakes*, noticias falsas y contenido sintético también están siendo utilizadas para combatirlas. Esta paradoja está en el centro de uno de los retos informativos más urgentes de nuestra era: **detectar y mitigar la desinformación generada por IA antes de que se propague.** A medida que el contenido creado por IA se vuelve cada vez más difícil de distinguir del material auténtico, investigadores y empresas están desarrollando herramientas avanzadas que utilizan la **misma IA como aliada contra el engaño.**

El Poder de Escala de la IA

La mayor fortaleza de la IA en esta lucha radica en su capacidad para **analizar enormes volúmenes de contenido digital,** mucho más allá de lo que cualquier ser humano podría revisar. Todos los días se suben millones de imágenes, videos y publicaciones a internet, lo que hace que la moderación manual sea inviable. Los sistemas de IA, entrenados con datos reales y manipulados, pueden **identificar patrones, inconsistencias y anomalías en los metadatos** que podrían indicar alteraciones.

Herramientas Visuales de Detección

Una de las estrategias más efectivas es el uso de **visión por computadora para detectar** *deepfakes*. Plataformas como **Reality Defender** utilizan redes neuronales para analizar **inconsistencias faciales, patrones de parpadeo, transiciones antinaturales y artefactos a nivel de píxel**. Su extensión para navegador puede advertir sobre contenido manipulado antes de que los usuarios lo consuman, convirtiéndose en una defensa crítica para periodistas, empresas y agencias gubernamentales.

También destaca **Sensity AI**, especializada en detectar amenazas visuales como videos alterados y morfología facial sintética. Su plataforma es utilizada por medios de comunicación y fuerzas del orden para **monitorizar contenido malicioso y detectar amenazas en etapa temprana**, explicando el tipo de manipulación detectado y su probabilidad de autenticidad.

Verificación en el Punto de Captura

A diferencia de los métodos que buscan detectar manipulaciones después de creadas, **Truepic** se enfoca en **verificar contenido en el momento en que se genera**. Su tecnología **Truepic Lens** incrusta metadatos inviolables—como fecha, ubicación GPS y firma del dispositivo—dentro de imágenes y videos, creando un **registro criptográfico** que valida si el contenido ha sido alterado posteriormente.

Herramientas para Texto y Lenguaje

La desinformación textual también puede detectarse con IA.

Herramientas como **Grover** (del Instituto Allen de IA) y **GPTZero** analizan el lenguaje para identificar texto posiblemente generado por IA. Estos sistemas examinan:

- Estructuras repetitivas
- Ausencia de atribución de fuentes
- Frases genéricas o sin contexto

Al detectar estos patrones, la IA ayuda a **evaluar la autenticidad de textos**, ya sean noticias, publicaciones en redes sociales o artículos de blog.

Limitaciones y Necesidad de Actualización Constante

El éxito de estas herramientas depende en gran medida de la **calidad y diversidad de sus datos de entrenamiento**. Un sistema entrenado únicamente en desinformación política en inglés puede fallar al evaluar contenido falso en otros idiomas o dominios. Por eso es crucial que los modelos:

- Sean **actualizados continuamente**
- Sean **flexibles ante nuevas tácticas de manipulación**
- **Colaboren a escala global** con bases de datos amplias y diversas

Inteligencia Contextual y Confianza Pública

Hoy en día, muchas herramientas no se limitan a etiquetar contenido como "falso" o "verdadero". Proveen **información contextual**, explicando por qué un contenido fue marcado, citando fuentes conflictivas o inconsistencias visuales. Ejemplo de ello es el sistema de **Credenciales de Contenido de Microsoft**, desarrollado en colaboración con Adobe y la iniciativa Content Authenticity Initiative. Este sistema compara archivos modificados con sus versiones originales para **mostrar al**

usuario qué cambios se hicieron y cuándo.

Retos Éticos

A pesar de los avances, **persisten desafíos éticos importantes**. Las herramientas de detección pueden heredar sesgos de sus datos de entrenamiento, lo que podría:

- **Sobrevigilar** cierto tipo de contenido
- **Perjudicar desproporcionadamente** a comunidades subrepresentadas
- Provocar censura involuntaria

Para mitigar esto, los desarrolladores deben priorizar:

- **La transparencia en el diseño del algoritmo**
- **La diversidad de los conjuntos de datos**
- **Auditorías periódicas y externas**

Integración en una Estrategia Global

La tecnología de detección por sí sola no basta. La IA debe **integrarse en un ecosistema más amplio de defensa contra la desinformación**, que incluya:

- **Educación en alfabetización mediática**
- **Responsabilidad de las plataformas digitales**
- **Colaboración con organizaciones de verificación como Snopes o PolitiFact**
- **Etiquetado automático y verificación de fuentes en tiempo real**

El Futuro: IA como Co-piloto

Las herramientas actuales permiten a la IA:

- Detectar contenido engañoso en múltiples idiomas y formatos

- Reaccionar más rápido que los verificadores humanos

- Ofrecer análisis consistentes y escalables

Sin embargo, **la IA no debe reemplazar el juicio humano**. El futuro más prometedor implica **sistemas híbridos**, donde la IA aporta velocidad y cobertura, mientras que **los moderadores humanos agregan contexto y discernimiento**.

Conclusión

El papel de la inteligencia artificial en la detección de la desinformación es **tanto poderoso como esencial**. Con herramientas como **Reality Defender, Truepic y Sensity** a la vanguardia, la tecnología existe para **proteger el ecosistema informativo del contenido sintético y la manipulación coordinada**.

Pero la tecnología no resolverá el problema por sí sola. El éxito depende de:

- **Un compromiso compartido con la transparencia**

- **Un diseño ético**

- **Una colaboración internacional sólida**

- **La confianza del público**

A medida que evoluciona la IA, también deben evolucionar nuestras estrategias, garantizando que **la verdad siga siendo visible en un panorama digital cada vez más nublado por la falsedad**.

DESAFÍOS Y OPORTUNIDADES FUTURAS: LA CARRERA ARMAMENTISTA CONTRA LA DESINFORMACIÓN

La lucha contra la desinformación se ha convertido en una auténtica **carrera armamentista de alto riesgo**: una contienda que no deja de intensificarse en velocidad, complejidad e impacto global. La inteligencia artificial, aunque es una herramienta esencial para identificar y señalar información falsa, también es **el motor detrás de tácticas de desinformación cada vez más sofisticadas**. Esta dualidad crea un ciclo implacable de innovación y contra-innovación, en el que defensores y adversarios se esfuerzan por superarse con cada nuevo avance tecnológico.

La Velocidad, Escala y Sofisticación de la Desinformación

Uno de los desafíos más difíciles es la **velocidad vertiginosa** con la que se propaga la desinformación. Los algoritmos de redes sociales, diseñados para maximizar la interacción, suelen amplificar contenido sensacionalista **sin considerar su veracidad**. En cuestión de horas, una narrativa falsa puede llegar a millones de usuarios, mucho antes de que los verificadores de hechos o moderadores puedan intervenir.

Además, los **bots impulsados por IA** y las cuentas falsas permiten generar y difundir oleadas coordinadas de contenido engañoso, saturando los sistemas de respuesta humanos.

La desinformación ya no se limita a titulares sensacionalistas o memes burdos. Herramientas como **StyleGAN**, **Runway ML** y **ElevenLabs** están permitiendo la creación de *deepfakes* hiperrealistas y audios sintéticos con sorprendente facilidad, lo que puede **manipular elecciones, destruir reputaciones o incitar al caos social**.

El Problema de la Adaptación: Innovación en Ambos Bandos

A medida que evolucionan las herramientas de detección, **los actores maliciosos también mejoran sus técnicas**. Usan IA adversaria para probar los límites de los sistemas de detección y crear falsificaciones que los evadan. Este juego del gato y el ratón exige una **mentalidad de mejora continua**.

Herramientas como **Reality Defender**, **Sensity AI** y **Deepware Scanner** lideran la defensa mediante visión por computadora y aprendizaje automático, detectando **anomalías visuales, iluminación irregular o errores temporales**. Sin embargo, incluso estas herramientas de última generación deben actualizarse frecuentemente para seguir siendo eficaces.

Además, **los propios sistemas de detección pueden tener sesgos**. Si se entrenan con datos sesgados o sin transparencia, podrían censurar contenido legítimo o amplificar desigualdades existentes. Combatir esto requiere **auditorías rigurosas, datos** inclusivos y supervisión ética constante.

El Elemento Humano: Alfabetización Mediática

La tecnología no puede ganar esta batalla por sí sola. Una de las debilidades más críticas es la **falta de alfabetización mediática generalizada**. Muchas personas carecen de las herramientas para evaluar la credibilidad de lo que consumen en línea.

La solución está en la **educación**. Los programas de alfabetización mediática deben **integrarse desde la educación básica**, enseñando a verificar fuentes, reconocer manipulación emocional y cuestionar afirmaciones infundadas. Herramientas como **Checkology** y **NewsGuard** ofrecen lecciones interactivas y extensiones para navegador que ayudan a evaluar la fiabilidad de las fuentes.

Plataformas asistidas por IA como **Logically Facts** o **ClaimBuster** pueden **dar retroalimentación en tiempo real**, fusionando el aprendizaje con la acción.

Fronteras Legales y Regulatorias

La desinformación generada por IA no conoce fronteras, por lo que **la respuesta tampoco puede ser local**. Países como Alemania han aprobado leyes como la **NetzDG**, que exige a las plataformas eliminar contenido dañino. Sin embargo, la aplicación global sigue siendo un reto.

Los gobiernos deben **crear marcos internacionales coherentes** que equilibren la libertad de expresión con la seguridad pública. Esto implica:

- Regular el uso malicioso de *deepfakes*
- Exigir transparencia algorítmica
- Incentivar sistemas robustos de verificación

Iniciativas como la **Ley de IA de la Unión Europea** y el trabajo de la **Partnership on AI** reflejan la urgencia de contar con una **gobernanza responsable y aplicable**.

Oportunidades Tecnológicas: IA al Servicio de la Verdad

A pesar de los desafíos, hay **avances prometedores** que pueden marcar la diferencia. Herramientas como **Truepic Lens** ya están incorporando **firmas criptográficas y metadatos** en el momento de capturar contenido, permitiendo **verificaciones instantáneas de autenticidad**. Combinadas con tecnología blockchain, podrían establecer una **cadena de custodia inviolable** para medios digitales.

Organizaciones de verificación de hechos como **Full Fact** están utilizando IA para **escanear transcripciones en vivo** y señalar afirmaciones dudosas. Plataformas como **Fact Check Explorer** de Google y **CrowdTangle** de Meta ayudan a periodistas y ciudadanos a **rastrear la desinformación viral** hasta su origen.

Empresas emergentes como **Hive Moderation** y **ActiveFence** están automatizando la moderación de contenido a gran escala, liberando a los moderadores humanos para que se concentren en los casos más complejos.

El Camino a Seguir: Colaboración, No Competencia

La victoria contra la desinformación **no se logrará únicamente con algoritmos más potentes**. Se necesita un **modelo híbrido** que combine la **rapidez y escalabilidad de la IA con el juicio y contexto de expertos humanos**. Esta estrategia debe incluir:

• Inversión continua en detección y análisis forense con IA
• Alfabetización mediática universal
• Marcos legales transparentes para el uso ético de la IA
• Colaboración entre gobiernos, plataformas y sociedad civil
• Retroalimentación clara para usuarios y transparencia algorítmica

Conclusión

El verdadero triunfo en esta carrera armamentista no vendrá del detector más avanzado, sino de un **compromiso social compartido con la verdad, el pensamiento crítico y la ciudadanía digital responsable.**

La tecnología puede ser la primera línea de defensa, pero **las personas son el núcleo de esta lucha**. Solo mediante la **fusión de innovación, educación, políticas éticas y confianza pública**, podremos construir un ecosistema informativo donde la **verdad no solo sobreviva, sino que prospere.**

LA PROMESA DE LA AUTOMATIZACIÓN: MAYOR EFICIENCIA Y PRODUCTIVIDAD

La promesa de la automatización, impulsada por los rápidos avances en inteligencia artificial (IA), representa una **fuerza transformadora** que está remodelando industrias y economías en todo el mundo. En esencia, la automatización basada en IA combina **velocidad, precisión y adaptabilidad**, aumentando la eficiencia, impulsando la productividad y abriendo la puerta a un crecimiento económico sin precedentes. Pero el verdadero potencial de la automatización no radica únicamente en reemplazar la mano de obra humana, sino en **ampliar sus capacidades, optimizar procesos y maximizar el uso de recursos para lograr mayores resultados con menos insumos.**

Transformando la Manufactura con Precisión y Velocidad

El impacto de la automatización es particularmente evidente en el sector manufacturero. Robots industriales, potenciados con visión por computadora y aprendizaje profundo, realizan tareas de soldadura, ensamblaje y pintura con una **consistencia y precisión inigualables.** Empresas como **ABB, Fanuc y KUKA**

Robotics han desarrollado soluciones robóticas que **reducen el desperdicio, minimizan los defectos y aceleran la producción**. En la industria automotriz, firmas como **Tesla y BMW** han integrado estos sistemas para agilizar líneas de ensamblaje, reducir costos y aumentar la capacidad sin comprometer la calidad.

Impulsando la Productividad del Sector Servicios con IA

La automatización también está revolucionando el sector servicios. Los **chatbots de atención al cliente**, impulsados por procesamiento de lenguaje natural (PLN), como **LivePerson, Ada y Google Dialogflow**, son capaces de resolver consultas en tiempo real. Estos agentes inteligentes **reducen los tiempos de espera, disminuyen costos operativos y mejoran la experiencia del usuario**, al permitir que los representantes humanos se enfoquen en casos más complejos. Empresas como **Bank of America** (con su asistente Erica) y **Vodafone** ya aplican estas tecnologías para escalar sus operaciones de manera eficiente.

Innovación Médica Asistida por Automatización

El sector salud también se beneficia significativamente. Herramientas como **PathAI y Aidoc** pueden analizar radiografías, tomografías y resonancias con gran precisión, ayudando a los radiólogos a detectar anomalías como tumores o hemorragias en etapas tempranas. Sistemas de cirugía robótica como **da Vinci de Intuitive Surgical** permiten procedimientos mínimamente invasivos con mayor precisión, reduciendo los tiempos de recuperación y mejorando los resultados. A medida que la IA se integra en el diagnóstico y la planificación de tratamientos, se avanza hacia una **atención médica más personalizada y eficaz**.

Revolucionando la Logística y la Cadena de Suministro

En logística, la automatización basada en IA está transformando la gestión de entregas y cadenas de suministro. Empresas como **Amazon, FedEx y DHL** usan algoritmos de predicción y optimización de rutas para **aumentar la precisión en las entregas y reducir los costos de transporte**. Herramientas como **ClearMetal y FourKites** proporcionan visibilidad en tiempo real, lo que permite anticipar retrasos, optimizar niveles de inventario y responder mejor a la demanda.

Agricultura Sostenible y Precisión

En la agricultura, la automatización ayuda a **combatir la escasez de mano de obra y la variabilidad climática**. Plataformas impulsadas por IA como **Blue River Technology** y los sistemas **See & Spray de John Deere** permiten una agricultura de precisión que monitorea la salud de los cultivos, **optimiza el uso de fertilizantes y pesticidas** y mejora las predicciones de rendimiento. Estas innovaciones **aumentan la productividad y reducen el impacto ambiental**, elementos clave para la seguridad alimentaria global.

Desafíos: Desplazamiento Laboral y Preparación del Talento

A pesar de estos beneficios, la automatización plantea desafíos importantes, especialmente el **desplazamiento de empleos**. Al asumir tareas repetitivas o manuales, ciertos roles podrían volverse obsoletos, especialmente en manufactura, logística y funciones administrativas. Según un informe del **Foro Económico Mundial de 2023**, la automatización podría **eliminar 85 millones de empleos para 2025**, pero también **crear 97 millones de nuevos puestos**, principalmente en análisis de datos, aprendizaje automático y colaboración humano-IA.

La clave está en la **capacitación y reconversión laboral**. Iniciativas como **Coursera for Government, IBM SkillsBuild y Google Career Certificates** están preparando a los trabajadores para asumir nuevos roles en IA, computación en la nube y operaciones digitales. El objetivo no es resistir la automatización, sino **preparar a las personas para prosperar junto a ella**.

Consideraciones Éticas y Supervisión Humana

La automatización también debe abordarse desde una perspectiva ética. **Los algoritmos son tan justos como los datos con los que se entrenan.** Sin atención adecuada, los sistemas automatizados —especialmente en procesos de contratación, préstamos o justicia— pueden **perpetuar sesgos sistémicos**. Herramientas como **Fairlearn** y **AI Fairness 360 de IBM** ayudan a detectar y mitigar estos sesgos, mientras organizaciones como **AI Now Institute** promueven la transparencia y la responsabilidad.

Asimismo, la **supervisión humana sigue siendo indispensable**. Aunque la IA puede operar de forma autónoma en muchas tareas, las decisiones críticas, dilemas éticos o casos extremos requieren juicio humano. Esto es vital en áreas como salud, justicia penal y finanzas, donde los errores pueden tener **consecuencias profundas**.

Conclusión: Hacia un Futuro Colaborativo

La automatización impulsada por IA **promete acelerar la productividad, reducir costos y mejorar la calidad del servicio** en múltiples industrias. Pero para aprovechar su potencial plenamente, se requiere un enfoque equilibrado que **combine la innovación tecnológica con el compromiso ético, social y económico**.

Debemos abandonar la narrativa de que la IA reemplazará a los trabajadores humanos. En cambio, debemos **verla como una aliada**, capaz de **amplificar nuestras fortalezas** y liberar nuestro tiempo para la creatividad y la innovación.

Gobiernos, empresas, educadores y comunidades deben **colaborar** para invertir en formación, diseñar sistemas de IA inclusivos y poner a las personas en el centro del diseño. Así, podremos construir un futuro donde la automatización no solo sea eficiente, sino también **empoderadora**: un catalizador del progreso **al servicio de todos**.

LOS RIESGOS DE LA AUTOMATIZACIÓN: DESPLAZAMIENTO LABORAL Y DESIGUALDAD ECONÓMICA

La imagen optimista de mayor eficiencia y productividad que pinta la automatización impulsada por inteligencia artificial (IA) necesita un **contrapeso fundamental**: los **riesgos reales del desplazamiento masivo de empleos y el aumento de la desigualdad económica**. Aunque la automatización promete un futuro más brillante para algunos, también proyecta una sombra sobre los medios de vida de millones, lo que exige una **respuesta proactiva y cuidadosa** por parte de gobiernos, empresas e individuos. El reto no es frenar el progreso tecnológico, sino **gestionar su impacto para garantizar una transición justa y equitativa**.

El Desplazamiento Laboral ya Está en Marcha

Una de las preocupaciones más inmediatas es la **pérdida de**

empleos. A medida que los sistemas de IA se vuelven más capaces de realizar tareas que antes requerían inteligencia humana, **categorías enteras de trabajo están en riesgo**. Esto no es una preocupación hipotética: ya está ocurriendo en muchas industrias. El sector manufacturero, por ejemplo, ha sufrido **una reducción significativa de empleos** debido a la adopción generalizada de robots y líneas de ensamblaje automatizadas. Aunque la productividad ha aumentado, **muchos trabajadores se han quedado sin las habilidades ni las oportunidades necesarias para adaptarse**.

Y no se trata solo de trabajos manuales. Profesiones tradicionalmente consideradas "de oficina" también son vulnerables. **Empleados administrativos, auxiliares jurídicos, analistas financieros** y otros perfiles están siendo desplazados por herramientas de IA que automatizan tareas como ingreso de datos, generación de informes o análisis de tendencias. A medida que los modelos de lenguaje y la automatización de procesos mejoran, **el alcance de la disrupción sigue creciendo**.

Transporte: Un Caso Ilustrativo

La industria del transporte ofrece un ejemplo claro. Los vehículos autónomos prometen revolucionar la logística y la movilidad, pero también **ponen en peligro millones de empleos** de conductores de camiones, taxis y repartidores. Aunque puedan surgir nuevos roles en mantenimiento, monitoreo de sistemas o análisis de flotas, **las habilidades requeridas son muy diferentes** a las utilizadas para conducir, lo que **complica la reconversión laboral**.

Impacto Comunitario y Regional

El **efecto dominó del desplazamiento laboral** se extiende a comunidades enteras. Las regiones que dependen de un solo sector —como pueblos industriales o centros logísticos— son particularmente vulnerables. Despidos masivos en estas áreas pueden provocar **el cierre de negocios locales, caída en el valor de propiedades, y recortes en escuelas y servicios públicos.** Sin intervención directa, estas comunidades enfrentan una **decadencia económica y social a largo plazo.**

¿Más Empleos? Sí, Pero con una Brecha de Habilidades

Algunos defienden que la automatización **creará más empleos de los que eliminará**, especialmente en áreas como desarrollo de IA, robótica e infraestructura digital. Pero este argumento muchas veces **ignora la magnitud de la brecha de habilidades.** Los nuevos trabajos suelen requerir experiencia técnica avanzada. Para alguien desplazado de una línea de ensamblaje o del transporte de mercancías, **capacitarse para un rol en análisis de datos o ingeniería de software no es tarea fácil.**

Cerrar esta brecha exige una **inversión coordinada en educación y desarrollo profesional.** Los programas de recualificación deben enfocarse tanto en **habilidades técnicas** como en **competencias blandas transferibles** —como la comunicación, el pensamiento crítico y la adaptabilidad— que seguirán siendo valiosas en una economía aumentada por IA.

Concentración de Riqueza y Desigualdad

Así como la automatización aumenta la productividad, también **concentra la riqueza.** Las empresas se benefician con **menores costos laborales y sistemas digitales escalables,** pero esas ganancias suelen quedar en manos de ejecutivos y accionistas. Mientras tanto, los trabajadores desplazados enfrentan **ingresos decrecientes, inseguridad laboral y movilidad limitada,** lo que amplía la brecha entre quienes se benefician de la automatización y quienes son excluidos.

Soluciones Estructurales para un Futuro Más Justo

Para abordar estas desigualdades, se deben considerar políticas audaces e inclusivas:

- **Ingreso Básico Universal (IBU)** o subsidios salariales que ofrezcan estabilidad económica durante la transición.

- **Impuestos progresivos** y mecanismos de redistribución para compartir los beneficios de la automatización.

- **Protecciones laborales fortalecidas** y derechos colectivos que permitan a los trabajadores negociar en mejores condiciones.

La Automatización es un Tema Social, No Solo Técnico

La conversación sobre automatización debe evolucionar. **No es solo un debate tecnológico, sino social**. Debemos dejar atrás la narrativa de inevitabilidad y adoptar una de **intencionalidad**. El futuro del trabajo no lo determina un algoritmo, sino **la política, la educación y la voluntad colectiva**.

Una transición justa hacia una economía impulsada por IA exige:

- Educación inclusiva y reconversión laboral masiva.

- Redes de seguridad sólidas.

- Gobernanza ética de la tecnología.

- Mecanismos que aseguren que la prosperidad se comparta ampliamente.

Conclusión: Automatización con Propósito Humano

La automatización debería ser una **herramienta para empoderar, no excluir**. Bien gestionada, puede **reducir la carga laboral repetitiva, potenciar la creatividad y abrir nuevas vías**

de desarrollo económico. Pero si se deja sin control, **podría profundizar las divisiones y erosionar el tejido social.**

Las decisiones que tomemos hoy determinarán si la IA será una **fuerza de inclusión o de desigualdad. Los riesgos son grandes, pero también lo es la oportunidad de construir un futuro más equitativo, resiliente y humano.**

MITIGAR LOS RIESGOS: ESTRATEGIAS PARA UNA TRANSICIÓN JUSTA

La transición hacia una economía impulsada por la inteligencia artificial (IA) representa un desafío crítico: cómo **aprovechar el poder transformador de la automatización** sin dejar de lado sus efectos potencialmente disruptivos sobre el empleo y la desigualdad económica. El objetivo no es frenar el progreso, sino garantizar que **sus beneficios se distribuyan de manera equitativa**, y no se concentren solo en una élite privilegiada. Para lograrlo, se requiere una **respuesta proactiva y coordinada**, basada en la equidad y la responsabilidad social.

En el centro de este esfuerzo se encuentra el concepto de **"transición justa"**, un marco diseñado para gestionar las consecuencias sociales y económicas del cambio tecnológico, garantizando que **nadie se quede atrás**.

Educación y Reentrenamiento: Pilar Fundamental

Una transición justa comienza con **inversiones sustanciales**

en educación y recualificación laboral. Los empleos del futuro requerirán habilidades muy distintas a las del pasado. Mientras la automatización desplaza puestos en manufactura, ventas, administración y logística, también crea nuevos roles en desarrollo de IA, ciberseguridad, ciencia de datos e infraestructura energética sostenible.

Gobiernos, industrias e instituciones educativas deben **trabajar juntos para cerrar la brecha de habilidades**. Los programas de capacitación deben ir más allá de lo técnico y fomentar competencias transferibles como:

- Pensamiento analítico
- Inteligencia emocional
- Comunicación
- Trabajo colaborativo

Deben ser **flexibles, inclusivos y accesibles**, adaptándose a las realidades de poblaciones vulnerables: adultos mayores desplazados, mujeres reinsertándose al mercado laboral y comunidades históricamente marginadas.

Redes de Apoyo Económico

Los **sistemas de seguridad social** son vitales para amortiguar los efectos del cambio económico. Una opción destacada es el **ingreso básico universal (IBU)**, que brindaría seguridad financiera durante periodos de desempleo o capacitación. Programas piloto en Finlandia y Stockton, California, han mostrado **mejoras en la salud mental y mayor búsqueda activa de empleo**.

Otras medidas clave incluyen:

- Seguro de desempleo ampliado
- Portabilidad de la atención médica
- Asistencia para vivienda

Estas redes ofrecen estabilidad mientras las personas navegan tiempos de incertidumbre.

Redistribuir los Beneficios de la Automatización

El apoyo económico debe ir acompañado de **una distribución más justa de la riqueza** generada por la IA. La **imposición progresiva** puede asegurar que los más beneficiados por los avances tecnológicos contribuyan al bien común. Estos fondos pueden destinarse a **educación, infraestructura pública e investigación**.

Además, se deben **fortalecer los derechos laborales**: garantizar salarios dignos, licencias pagadas y el derecho a la negociación colectiva. Así, los trabajadores mantendrán **dignidad y poder de decisión** en un mercado laboral cambiante.

Ética Algorítmica y Gobernanza de la IA

Una transición justa también implica **una gobernanza ética de los sistemas de IA**, especialmente para prevenir **sesgos y discriminación algorítmica**. Sin una supervisión adecuada, la IA puede **replicar injusticias históricas** en ámbitos como la contratación, el crédito o la justicia penal.

Soluciones necesarias:

- Auditorías independientes de algoritmos
- Pruebas de sesgo y evaluaciones de impacto social
- Transparencia sobre datos de entrenamiento y diseño de modelos
- Canales públicos para denunciar daños causados por algoritmos

Herramientas como **AI Fairness 360** de IBM o **What-If Tool** de Google permiten a los desarrolladores analizar sus sistemas y mejorar su equidad. Marcos internacionales como los **Principios**

de la OCDE sobre la IA o la **Ley de IA de la Unión Europea** ofrecen estándares útiles para regular su aplicación responsable.

Nuevos Modelos de Trabajo

A medida que el trabajo tradicional se transforma, **los modelos laborales también deben adaptarse**. El trabajo freelance, a medio tiempo o en plataformas digitales requiere **protecciones legales adecuadas**: pago justo, acceso a beneficios y condiciones laborales seguras.

Es urgente avanzar en:

- Esquemas de beneficios portátiles
- Normativas laborales para trabajadores digitales
- Derechos sindicales en economías de plataformas

Casos de Éxito Internacionales

Varios países ofrecen ejemplos valiosos:

- **Singapur**: su iniciativa *SkillsFuture* otorga créditos a los ciudadanos para aprender durante toda la vida.
- **Alemania**: su sistema dual combina educación académica con aprendizaje práctico.
- **Canadá**: ha brindado subsidios salariales y apoyo integral a trabajadores desplazados.

Estos modelos muestran que **la planificación anticipada y centrada en las personas** es clave para una transición efectiva.

Recomendaciones de Política para una Transición Justa

- **Expandir la capacitación laboral y actualización de habilidades**
  Coordinación con empresas para asegurar relevancia

del aprendizaje y accesibilidad.

- **Fortalecer las redes de seguridad social**
  Apoyo durante períodos de transición mediante IBU, seguro de desempleo y cobertura médica.

- **Reforzar protecciones laborales**
  Garantizar salarios mínimos, condiciones dignas y derechos para trabajadores informales y de plataformas.

- **Aplicar impuestos progresivos**
  Financiar infraestructura inclusiva, educación y salud a través de contribuciones justas.

- **Incorporar ética algorítmica obligatoria**
  Auditorías, transparencia y mecanismos de responsabilidad incorporados en la legislación.

- **Fomentar alianzas multisectoriales**
  Colaboración entre gobiernos, empresas y universidades para anticipar y planificar los cambios laborales.

Conclusión: Progreso con Propósito

La transición hacia una economía basada en IA **no es solo tecnológica, sino profundamente humana**. Requiere previsión, empatía y colaboración transversal. Los riesgos son significativos, pero también lo son las oportunidades para **construir un futuro laboral más justo, resiliente y dinámico**.

Una transición justa asegura que **la automatización esté al servicio de las personas, y no al revés**. Con las inversiones y compromisos éticos adecuados, podemos forjar un futuro donde el progreso no signifique desplazamiento, sino empoderamiento.

El futuro aún está en nuestras manos.

AUTOMATIZACIÓN Y SOCIEDAD: REPENSAR EL TRABAJO Y EL FUTURO DEL EMPLEO

La discusión anterior abordó cómo mitigar los impactos negativos de la automatización en el empleo y garantizar una transición justa. Sin embargo, las implicaciones sociales de la automatización generalizada **van mucho más allá del desplazamiento laboral**. La propia naturaleza del trabajo, nuestra comprensión de la productividad y la estructura de las economías modernas están en proceso de transformación—y este cambio exige una conversación reflexiva y de gran alcance.

El Equilibrio entre la Vida y el Trabajo

Uno de los aspectos clave es el impacto de la automatización en el **equilibrio entre la vida laboral y personal**. Si bien la automatización promete mayor productividad, también corre el riesgo de **diluir los límites entre lo profesional y lo personal**. La cultura del "siempre disponible", impulsada por herramientas digitales y expectativas de inmediatez, ya desgasta a trabajadores de múltiples sectores. Si no se regula adecuadamente, la automatización podría agravar esta situación.

El trabajo remoto ofrece flexibilidad, pero también puede extender la jornada laboral e invadir el tiempo personal. Por ello, se necesitan políticas que **protejan contra el exceso de trabajo**, como límites a la comunicación fuera del horario laboral y períodos obligatorios de desconexión, en favor del bienestar físico y mental de los trabajadores.

El Trabajo en un Mundo Fragmentado

Más allá del balance, el **concepto mismo de empleo está cambiando**. La idea tradicional de un trabajo estable a largo plazo, con prestaciones y trayectoria profesional definida, está dando paso a un **mercado laboral fragmentado**, marcado por el auge de la **economía gig** y los trabajos por encargo.

Aunque este modelo ofrece flexibilidad, también introduce **inestabilidad y carencia de protección social**. Es urgente rediseñar los marcos laborales para garantizar que los trabajadores independientes tengan acceso a salud, jubilación y apoyo en el desempleo, sin importar su estatus contractual.

Educación para una Nueva Era Laboral

Con el avance de la IA, también surgirán **nuevas categorías de empleo**, muchas aún inimaginables. Esta transformación exige una evolución radical de los sistemas educativos. Los planes de estudio deben **priorizar la creatividad, el pensamiento crítico, la inteligencia emocional y la adaptabilidad**. Una fuerza laboral preparada para el futuro es aquella con capacidad para **aprender de manera continua y adaptarse a contextos cambiantes**.

Nuevos Modelos Económicos

La automatización también puede **reconfigurar la organización económica**. A medida que disminuyen las barreras de entrada y se democratiza el acceso a herramientas digitales, podríamos ver un desplazamiento desde grandes corporaciones hacia modelos **descentralizados**: freelancers, microempresas, cooperativas y colectivos basados en plataformas.

Este nuevo panorama requiere **nuevas estructuras fiscales y regulatorias** que garanticen equidad y sostenibilidad. No basta con celebrar la eficiencia; debemos asegurarnos de que sirva al **interés público**.

Ética, Identidad y Propósito

La automatización también plantea **cuestiones éticas profundas**. Si las ganancias financieras de la automatización se concentran en una élite, mientras los riesgos recaen en los más vulnerables, se ampliarán las brechas de riqueza, oportunidades y cohesión social. Afrontar esto requiere políticas redistributivas valientes: **ingreso básico universal, impuestos progresivos e inversión pública masiva en educación e infraestructura**.

También debemos reflexionar sobre **el sentido del trabajo en la identidad humana**. Para muchas personas, el empleo no es solo un ingreso, sino una fuente de propósito y pertenencia. A medida que las máquinas asuman tareas rutinarias o cognitivas, la sociedad debe cuestionarse cómo preservar **la dignidad y el sentido de realización más allá del empleo formal**.

Conexión Social y Bienestar Colectivo

El trabajo también genera interacción social diaria. Si la automatización reduce estos espacios, podría aumentar la **soledad y el aislamiento**. Será crucial fomentar entornos que promuevan la **conexión humana**, mediante espacios públicos, participación cívica y tecnologías que fortalezcan el tejido social.

Gobernanza Algorítmica

Los algoritmos influirán cada vez más en **decisiones laborales clave**, como la contratación, promoción y asignación de tareas. Es imperativo garantizar que no **reproduzcan sesgos ni discriminación**. Para ello, se necesitan estándares sólidos de **equidad, transparencia y rendición de cuentas**. Las decisiones algorítmicas deben ser auditables, explicables y sometidas a vigilancia humana.

Esto implica:

- Evaluaciones de impacto ético
- Inclusión de voces diversas en el diseño de sistemas
- Supervisión continua post-implementación

Hacia una Sociedad Centrada en la Dignidad Humana

El camino a seguir exige un **esfuerzo colectivo e intencionado**:

- **Reimaginar la educación** para fomentar el aprendizaje continuo, la resiliencia y la creatividad.
- **Proteger a los trabajadores flexibles**, garantizando derechos y prestaciones en nuevos tipos de empleo.
- **Invertir en modelos económicos inclusivos** que distribuyan las ganancias de la automatización.
- **Desarrollar una gobernanza algorítmica ética**, basada en la equidad, la transparencia y la supervisión humana.
- **Fomentar el diálogo cívico**, integrando a trabajadores, tecnólogos, académicos y legisladores.

Conclusión

La automatización del trabajo **no es solo un fenómeno técnico—es un momento cultural y moral**. Estamos llamados a decidir **qué tipo de sociedad queremos construir con las herramientas que**

hemos creado.

Este futuro no llegará por inercia. Debe ser forjado con **intención, empatía y una visión compartida que tenga como núcleo la dignidad humana.**

El trabajo está cambiando. Nuestro deber es garantizar que el cambio sirva a las personas, y no al revés.

ESTUDIOS DE CASO: ÉXITOS Y FRACASOS EN LA AUTOMATIZACIÓN

La transición hacia una economía impulsada por la inteligencia artificial está llena tanto de **enorme potencial** como de **riesgos significativos**. Comprender esta dinámica exige analizar casos reales—los aciertos y errores de proyectos de automatización en diversos sectores. Estos estudios de caso revelan que el éxito de la automatización **no depende únicamente de la viabilidad tecnológica**, sino también de la **planificación estratégica**, la **visión ética**, la **adaptación de la fuerza laboral** y un enfoque de **seguimiento y mejora continua**.

Éxito en Manufactura: Toyota y la Filosofía Kaizen

Un ejemplo destacado de automatización exitosa se encuentra en el **sector manufacturero**. Empresas como **Toyota**, conocida por sus principios de producción ajustada (lean manufacturing), han integrado **sistemas robóticos y automatización** de manera efectiva en sus líneas de montaje.

Su éxito radica no solo en la inversión tecnológica, sino en un enfoque integral que incluye:

- Planificación meticulosa
- Capacitación intensiva del personal
- Una filosofía de mejora continua (Kaizen)

En lugar de reemplazar trabajadores, Toyota ha **capacitado a su personal** para colaborar con sistemas automatizados, creando **puestos mejor remunerados y con mayor especialización**. El uso de analítica de datos permite identificar ineficiencias y ajustar procesos en tiempo real, aumentando la productividad, calidad y seguridad.

Fallos en Manufactura: Automatización sin Preparación

No todas las empresas manufactureras han tenido éxito. Algunas adoptaron sistemas robóticos **sin planificación adecuada**, lo que resultó en:

- Productividad decreciente
- Aumento en los costos operativos
- Retrasos y sobrecostos por falta de compatibilidad tecnológica

El error común: **subestimar la preparación organizacional y la capacitación necesaria**, dejando de lado la experiencia humana y la cultura empresarial existente.

Sector de Servicios: Chatbots y Atención al Cliente

En el sector de servicios, muchos han implementado **chatbots y asistentes virtuales impulsados por IA**. Cuando se diseñan bien, estos sistemas:

- Mejoran la eficiencia
- Reducen tiempos de espera
- Aumentan la satisfacción del cliente

Las empresas exitosas aplican un **modelo híbrido**: la IA maneja consultas simples, mientras que **agentes humanos resuelven casos complejos**, con especial énfasis en la **experiencia del usuario** y la transición fluida entre humano y máquina.

Fracasos comunes incluyen chatbots mal diseñados que no entienden las consultas ni permiten escalar a un humano. Esto genera frustración y **daña la reputación de la marca**.

Finanzas: Trading Algorítmico y el Flash Crash

El **sector financiero** ha sido revolucionado por el **trading algorítmico**, donde plataformas ejecutan operaciones en milisegundos. Sin embargo, el evento del **Flash Crash de 2010**, donde el Dow Jones cayó casi 1,000 puntos en minutos, demuestra los peligros de una automatización sin control adecuado.

Desde entonces, se han implementado **"cortafuegos" regulatorios** y los actores más exitosos combinan **IA con supervisión humana**, equilibrando velocidad con gestión de riesgos.

Salud: Diagnóstico Médico y Cirugía Asistida

En el sector salud, herramientas como **IBM Watson Health** y **Google DeepMind** han demostrado potencial en análisis de imágenes médicas y apoyo al diagnóstico.

Cuando estas tecnologías se prueban rigurosamente, pueden **mejorar la precisión y eficiencia**. Sin embargo, algunos despliegues han fallado por:

- Falta de validación
- Sesgos en los datos
- Inquietudes éticas sobre privacidad y consentimiento

Las fallas resaltan la **alta responsabilidad ética** que implica automatizar procesos en la atención médica.

Agricultura: Agricultura de Precisión

En el sector agrícola, empresas como **John Deere** y startups como **CropX** utilizan **IA, drones e imágenes satelitales** para optimizar el riego, pesticidas y el monitoreo de cultivos. Han logrado:

- Aumentar la productividad
- Mejorar la sostenibilidad

Sin embargo, el éxito depende de **adaptar la tecnología al contexto local** y brindar capacitación a los agricultores. De lo contrario, las herramientas resultan subutilizadas o ineficaces.

Factores Comunes de Éxito

A través de todos estos sectores, los casos exitosos comparten patrones clave:

- **Planificación estratégica e implementación gradual**
- **Capacitación integral e inclusión de la fuerza laboral**
- **Evaluación transparente y salvaguardas éticas**
- **Colaboración entre stakeholders**
- **Cultura de mejora continua**

Causas de Fracaso Recurrentes

Los fracasos, por otro lado, suelen surgir cuando se trata la automatización como una **solución de "enchufar y usar"**, sin considerar el contexto socio-técnico. **Ignorar el componente**

humano—en el diseño, la capacitación o la ejecución—sigue siendo una falla común.

Conclusión

El aprendizaje principal de estos estudios de caso es claro: **el éxito de la automatización no depende solo de la tecnología.** Requiere **liderazgo con visión de futuro, compromiso ético** y la capacidad de construir sistemas que **potencien las capacidades humanas en lugar de reemplazarlas**.

A medida que avanzamos hacia una transformación económica impulsada por IA, nuestra responsabilidad colectiva es **garantizar que la automatización mejore el bienestar humano**, fomente la equidad y contribuya a una **resiliencia económica sostenible**.

CHATGPT: DOMINANDO EL ARTE DE LA IA CONVERSACIONAL

ChatGPT y modelos similares de inteligencia artificial conversacional representan un avance significativo en la interacción humano-computadora. Más allá de las búsquedas por palabras clave, estas herramientas permiten conversaciones dinámicas y contextuales, ofreciendo una forma mucho más intuitiva y productiva de interactuar con la información y la tecnología.

Dominar el arte de aprovechar ChatGPT de manera efectiva implica comprender sus capacidades, limitaciones y mejores prácticas de diseño de prompts. Este conocimiento permite a los usuarios desbloquear el verdadero potencial de esta poderosa tecnología, transformando su enfoque en tareas que van desde la escritura creativa hasta la investigación compleja.

Creación de Contenidos: Un Aliado Versátil

Una de las aplicaciones más inmediatas de ChatGPT es la **generación de contenido**. Ya sea para redactar correos electrónicos, publicaciones de blog, textos publicitarios o narrativas de ficción, ChatGPT puede acelerar significativamente el flujo de trabajo. Su capacidad para adaptarse a distintos estilos y tonos lo convierte en una herramienta versátil para necesidades diversas.

Por ejemplo:

- Pedir una descripción de producto para un nuevo smartwatch puede generar un texto conciso y persuasivo, listo para usarse.

- Solicitar una historia humorística al estilo de Roald Dahl puede resultar en una narración creativa y entretenida.

La clave está en el diseño del prompt. En lugar de pedir "escribe una historia", un prompt más efectivo sería:
"Escribe un cuento corto y humorístico sobre un perro robot travieso que accidentalmente envía un rebaño de ovejas al espacio, al estilo de Roald Dahl."
Cuanto más detallada y específica sea la instrucción, **mejor será el resultado.**

Un Ecosistema en Expansión

Aunque este capítulo se centra en ChatGPT, es parte de un **ecosistema más amplio de IA conversacional.** Herramientas como **Claude** (de Anthropic), **Gemini** (de Google) y **Copilot** (de Microsoft, basado en modelos de OpenAI) ofrecen capacidades similares con distintos enfoques. Claude es reconocido por sus restricciones éticas, Gemini por su integración con productos de Google, y Copilot por su utilidad en productividad y desarrollo de software.

Comprender las diferencias entre estas plataformas permite al usuario elegir la herramienta más adecuada para sus necesidades específicas.

Consulta de Información y Soporte Educativo

ChatGPT también se destaca en la **respuesta a preguntas** y la **búsqueda de información**. Su amplio corpus de entrenamiento le permite abordar una gran variedad de temas. Sin embargo, **no tiene comprensión real del mundo**; genera respuestas basadas en patrones de texto, por lo que es importante verificar la información con fuentes confiables.

Por ejemplo, al preguntar por la historia del Imperio Romano, ChatGPT ofrecerá un resumen razonable, pero es recomendable compararlo con fuentes académicas. Además, se pueden especificar formatos: pedir un resumen de 200 palabras o una explicación paso a paso mejora la relevancia del resultado.

Asistente de Investigación

En investigación, ChatGPT puede:

- Resumir documentos extensos
- Extraer información clave
- Generar preguntas de investigación

Por ejemplo, al trabajar con 10 resúmenes de artículos científicos, se puede pedir un resumen cohesivo de los hallazgos principales. Aun así, se debe usar como asistente, **no como sustituto del análisis académico**. El contenido debe verificarse con fuentes primarias para asegurar su validez.

Herramienta para la Educación

En el ámbito educativo, ChatGPT puede:

- Generar temas de ensayo
- Proporcionar retroalimentación preliminar
- Ayudar a planificar clases personalizadas

Sin embargo, su integración debe hacerse con responsabilidad. Los estudiantes deben **aprender a evaluar críticamente** las respuestas del modelo y no aceptarlas como definitivas. El objetivo es fomentar el pensamiento crítico, no reemplazar la enseñanza humana.

Programación y Desarrollo de Software

Para programadores, ChatGPT puede:

- Generar fragmentos de código en múltiples lenguajes
- Explicar algoritmos
- Ayudar a depurar errores

Por ejemplo, se le puede pedir que escriba una función en Python para ordenar una lista o que explique el funcionamiento de "merge sort". Esto es útil tanto para principiantes como para desarrolladores experimentados. **Todo código generado debe probarse y revisarse** antes de implementarlo.

Ingeniería de Prompts: Clave para el Éxito

La efectividad de ChatGPT **depende en gran medida del diseño del prompt**. Prompts claros y bien definidos producen resultados más precisos. Por ejemplo, en lugar de "escribe sobre perros", es más útil pedir:
"Escribe un ensayo de 500 palabras comparando las características físicas y de comportamiento de los pastores alemanes y los golden retrievers."

Limitaciones de ChatGPT

Es crucial entender que ChatGPT:

- **No genera pensamiento original**

- **No posee sentido común ni experiencias de vida**
- Puede producir errores fácticos o inconsistencias lógicas

Por ello, **siempre se debe revisar el contenido generado** antes de utilizarlo profesional o públicamente.

Conclusión

Dominar ChatGPT requiere un equilibrio entre aprovechar sus fortalezas y reconocer sus limitaciones. Cuando se usa con criterio, puede ser un **aliado poderoso en escritura, investigación, educación y programación**. No sustituye la creatividad ni el juicio humano, pero puede **amplificarlos de forma significativa**.

A través del diseño efectivo de prompts, la evaluación crítica de sus respuestas y la supervisión humana constante, se pueden **alcanzar nuevos niveles de productividad y creatividad**. En última instancia, dominar la IA conversacional es una invitación a repensar cómo aprendemos, creamos y nos comunicamos en un mundo digital en constante evolución.

MIDJOURNEY: LIBERA A TU ARTISTA INTERIOR CON LA GENERACIÓN DE IMÁGENES POR IA

Midjourney, junto con otras herramientas en el campo emergente de la generación de imágenes por inteligencia artificial, representa una emocionante democratización del arte. Ya no es necesario ser un ilustrador o diseñador profesional para crear imágenes impactantes: ahora, cualquier persona con una conexión a internet y una imaginación activa puede producir arte visual original y cautivador. Gracias a potentes algoritmos de aprendizaje automático, Midjourney transforma instrucciones escritas en imágenes vívidas y, a menudo, impresionantes. Comprender cómo guiar este proceso mediante la ingeniería de prompts es la clave para desbloquear un vasto mundo creativo.

Accesibilidad y Simplicidad

Uno de los elementos más destacados de Midjourney es su **simplicidad de uso**. A diferencia de otras plataformas de arte por

IA que requieren software especializado o una computadora de alto rendimiento, Midjourney funciona **dentro de la plataforma Discord**. Para comenzar, solo necesitas unirte al servidor oficial de Midjourney, escribir el comando /imagine seguido de tu prompt, y el sistema generará una imagen en segundos.

La plataforma ofrece canales dedicados para principiantes, lo que crea un espacio acogedor para experimentar sin interferir con usuarios más avanzados.

El Arte de Diseñar Prompts

El núcleo del proceso creativo en Midjourney es la **ingeniería de prompts**: la práctica de escribir descripciones detalladas que indiquen al modelo qué estética, composición o emoción deseas transmitir.

Ejemplo básico:

.   Prompt genérico: "un gato" → imagen simple.

Ejemplo mejorado:

.   Prompt detallado: "un gato persa esponjoso sentado en un alféizar al atardecer, bañado en luz dorada, estilo hiperrealista" → imagen con mayor profundidad emocional y visual.

Incluir referencias estilísticas como *"fotorealista"*, *"acuarela"*, *"Art Déco"* o *"surrealista"* ayuda a guiar el tono artístico. Términos como *"detallado"*, *"sueño"*, *"luz dramática"* o *"composición simétrica"* refuerzan la calidad visual.

Iteración Creativa y Control Visual

Cada prompt en Midjourney genera **cuatro imágenes**. Puedes:

.   **"U" (Upscale)**: Mejorar la resolución de tu favorita.

.   **"V" (Variar)**: Generar nuevas versiones basadas en

una imagen específica.

Este flujo rápido e interactivo permite experimentar con ideas, refinar estilos y descubrir variaciones inesperadas.

También puedes ajustar aspectos como:

- Proporciones: --ar 3:2 para formato paisaje.

- Prompts negativos: --no oscuro o --no desordenado para excluir elementos no deseados.

Aplicaciones Profesionales

Midjourney se ha convertido en una herramienta útil para:

- **Novelistas gráficos**: Bocetos de personajes y escenas.

- **Diseñadores de videojuegos**: Concept art rápido.

- **Marketers**: Imágenes personalizadas para campañas.

- **Educadores**: Visualizaciones para explicar conceptos complejos.

Su estilo expresivo lo hace ideal para géneros como fantasía, ciencia ficción o arte conceptual.

Comparación con Otras Plataformas

- **DALL·E 2 (OpenAI)**: Más orientado al fotorealismo y permite edición parcial de imágenes (inpainting).

- **Stable Diffusion**: Código abierto y personalizable, ideal para usuarios técnicos.

- **Adobe Firefly**: Integrado con Creative Cloud y entrenado con imágenes licenciadas, seguro para uso comercial.

Midjourney destaca por su equilibrio entre facilidad de uso, comunidad activa y estilo artístico único.

Colaboración y Estilo

Puedes colaborar con otros usuarios en tiempo real: ideal para equipos creativos, estudios de diseño o desarrolladores de videojuegos.

También puedes añadir referencias como:

- "en el estilo de Van Gogh"
- "inspirado en el Art Nouveau"

Esto guía la estética, pero es importante evitar la apropiación indebida de estilos culturales o artistas contemporáneos.

Limitaciones y Ética

Aunque poderosa, Midjourney **no es perfecta**. Puede fallar en:

- Anatomía
- Perspectiva
- Representación precisa de texto

También existen consideraciones éticas:

- **¿Quién posee el arte generado?**
- **¿Se respeta el trabajo de artistas humanos?**
- **¿Se usa de forma responsable?**

Actualmente, **los suscriptores pagos de Midjourney tienen derechos comerciales**, pero la legislación sobre derechos de autor para imágenes generadas por IA sigue siendo incierta en muchas jurisdicciones.

Conclusión

Midjourney ofrece una **forma revolucionaria de crear arte visual**, accesible para cualquier persona con curiosidad creativa. Mediante la combinación de prompts bien elaborados, exploración estética y consciencia ética, es posible generar imágenes extraordinarias en cuestión de segundos.

Ya sea que estés diseñando una novela gráfica, creando arte conceptual, lanzando una campaña de marketing o simplemente experimentando por diversión, Midjourney es una invitación abierta a imaginar—y ver—lo que es posible cuando la creatividad humana se une con la inteligencia artificial.

OTRAS HERRAMIENTAS DE IA: EXPLORANDO UN ECOSISTEMA DE APLICACIONES INNOVADORAS

Más allá del fascinante mundo de la generación de imágenes por IA, existe un ecosistema cada vez más amplio de herramientas que están revolucionando la forma en que trabajamos, creamos y procesamos información. Estas tecnologías están optimizando flujos de trabajo, impulsando la productividad y desbloqueando nuevas posibilidades en prácticamente todos los sectores. Desde la escritura y la programación hasta el análisis de datos y la medicina, la inteligencia artificial se está convirtiendo en una aliada indispensable tanto en el ámbito profesional como personal.

Asistentes de Escritura: Más Allá de la Gramática

Una de las categorías más accesibles y populares de herramientas de IA es la de **asistencia en redacción**. Plataformas como **Grammarly** y **ProWritingAid** van mucho más allá de la corrección ortográfica. Estas herramientas analizan el tono, la claridad, la fluidez y la coherencia del texto.

- **Grammarly** puede detectar abuso de voz pasiva, recomendar sinónimos más precisos y adaptar el estilo de redacción al público objetivo.

- **ProWritingAid** ofrece aún más profundidad con métricas como la variedad de estructuras, legibilidad y detección de clichés.

Ambas herramientas son útiles para escritores, estudiantes, profesionales del marketing y cualquier persona que desee mejorar la calidad de su comunicación escrita. Además, muchas incluyen **detección de plagio**, lo cual es vital para mantener la originalidad y la integridad académica.

Programación Asistida por IA

En desarrollo de software, la programación asistida por IA está transformando la forma en que los desarrolladores trabajan. Herramientas como **GitHub Copilot** (basado en modelos de OpenAI) y **Tabnine** (entrenado con modelos de código abierto) sugieren líneas o bloques de código completos de forma contextual.

Por ejemplo, si estás escribiendo una función en Python para limpiar un conjunto de datos, Copilot puede anticipar los siguientes pasos y sugerir un fragmento de código funcional. Estas herramientas no reemplazan al programador, pero actúan como copilotos, ayudando a evitar errores y ahorrar tiempo en tareas repetitivas.

Análisis de Datos y Visualización

Herramientas como **Tableau** y **Power BI** han incorporado capacidades de IA que permiten:

- Detección de tendencias
- Análisis predictivo
- Visualización automatizada de historias de datos

Funciones como "Ask Data" de Tableau permiten hacer consultas en lenguaje natural, mientras que Power BI integra modelos de aprendizaje automático en los paneles. Esto facilita la toma de decisiones estratégicas y reduce la dependencia de equipos técnicos especializados.

Herramientas para Traducción, Transcripción y Resumen

- **DeepL** y **Google Translate** ofrecen traducciones precisas y contextuales entre múltiples idiomas.

- **Otter.ai** y **Descript** permiten transcripciones en tiempo real con identificación de hablantes, y edición de audio mediante texto.

- Herramientas como **SMMRY**, **QuillBot** o **ChatGPT** ayudan a **resumir documentos extensos**, ideal para ahorrar tiempo y facilitar la comprensión de contenido técnico o denso.

Asistentes de Voz e Interfaces Inteligentes

Asistentes como **Alexa**, **Google Assistant** y **Siri** se están volviendo más competentes en:

- Comprender comandos complejos
- Controlar dispositivos inteligentes
- Brindar recomendaciones personalizadas

Estas herramientas están integrando más IA contextual para adaptarse a los hábitos y preferencias del usuario.

Aplicaciones Especializadas en Medicina y Finanzas

En el campo **médico**, la IA está siendo utilizada para:

- Diagnóstico temprano (como la detección de cáncer o enfermedades oculares)
- Apoyo en decisiones clínicas
- Descubrimiento de nuevos medicamentos

En el **sector financiero**, la IA asiste en:

- Detección de fraudes
- Trading algorítmico
- Automatización del servicio al cliente

Consideraciones Éticas y Desafíos

A medida que estas herramientas se integran en más aspectos de nuestras vidas, surgen preocupaciones éticas importantes:

- **Sesgos algorítmicos** que pueden reforzar desigualdades
- **Privacidad de los datos personales**
- **Desplazamiento laboral** y acceso desigual a la tecnología

Es fundamental exigir **transparencia**, aplicar marcos regulatorios sólidos, y asegurar una **supervisión humana** adecuada.

Aprendizaje Continuo y Alfabetización Digital

La evolución de la IA es constante. Estar actualizado a través de **comunidades online, cursos, webinars y práctica directa** es crucial para utilizar estas herramientas de forma efectiva.

Además, comprender los conceptos básicos de IA—como aprendizaje automático, procesamiento de lenguaje natural y visión por computadora—ayuda a interpretar mejor los resultados y elegir la herramienta adecuada para cada tarea.

Conclusión: Una Caja de Herramientas para Ampliar el Potencial Humano

La integración de la IA ya no es un escenario futuro; es el presente. Desde asistentes de escritura hasta soluciones de diagnóstico médico, estas herramientas están ampliando lo que podemos lograr como individuos y como sociedad.

El verdadero reto no es simplemente adoptar nuevas tecnologías, sino hacerlo **con conciencia, equidad y propósito**. La IA no nos reemplaza: **nos extiende**. Y con criterio, ética y creatividad, podemos asegurarnos de que esta poderosa caja de herramientas sirva para construir un futuro más inteligente, humano e inclusivo.

CONSEJOS Y TRUCOS: CÓMO MAXIMIZAR LA EFICIENCIA DE LAS HERRAMIENTAS DE IA

Aprovechar al máximo el potencial de las herramientas de inteligencia artificial no se trata solo de saber lo que pueden hacer, sino de saber **cómo usarlas eficazmente**. Esto implica entender cómo interactuar con estos sistemas, ajustar sus configuraciones y solucionar problemas cuando surgen. Piensa en ello como aprender el lenguaje de la IA: un lenguaje que te permite expresar con claridad tus necesidades y obtener los mejores resultados posibles. Este capítulo se enfoca en **estrategias prácticas** para maximizar la eficiencia de las herramientas de IA, transformándote de un usuario casual en un operador seguro y competente.

Una de las técnicas más importantes para trabajar con IA, especialmente con modelos de lenguaje natural como **ChatGPT o Bard**, es la **ingeniería de prompts**. Un prompt bien elaborado es la clave para obtener respuestas más precisas, útiles y creativas. En lugar de una solicitud general como "Escribe una historia", considera cuánto más específica y efectiva puede ser una como: *"Escribe un cuento corto sobre un robot que aprende a amar, contado en un tono caprichoso con elementos steampunk."*

Ese contexto adicional da a la IA una dirección más clara, y suele producir resultados más satisfactorios y relevantes.

El mismo principio se aplica a generadores de imágenes como **Midjourney o DALL·E 2**. Prompts vagos como "un gato" podrían generar imágenes genéricas, mientras que una versión más descriptiva—*"un retrato fotorrealista de un gato persa esponjoso sentado en un rayo de sol, pintado al estilo de Rembrandt"*— proporciona mucho más contexto, lo que resulta en una imagen más alineada con tu visión. Cuantos más detalles proporciones, más se acercará el resultado a lo que imaginaste.

Además de la claridad del prompt, es esencial entender los **parámetros disponibles** en cada herramienta. Muchas plataformas permiten ajustar configuraciones como creatividad, longitud, tono, resolución o relación de aspecto. Experimentar con estas opciones puede mejorar notablemente los resultados. Por ejemplo, si estás generando textos para marketing, un nivel alto de creatividad puede producir ideas frescas y atractivas. Por otro lado, si trabajas con documentación técnica, reducir esa creatividad puede dar lugar a un lenguaje más claro y preciso. De igual forma, en herramientas de generación de imágenes, elegir la relación de aspecto o estilo de iluminación adecuados puede mejorar la utilidad visual para redes sociales, impresos o sitios web.

Otra habilidad crítica es la **resolución de problemas**. Las herramientas de IA son potentes, pero no infalibles. Puedes encontrarte con salidas inexactas, frases torpes o imágenes que no coinciden con tus expectativas. En esos casos, adopta un enfoque sistemático: primero, revisa tu prompt en busca de claridad y detalle. ¿Usaste las palabras clave correctas? ¿Incluiste suficiente contexto? Luego, verifica tus configuraciones: ¿están alineadas con tu objetivo? Si aún tienes problemas, consulta la documentación de ayuda o los foros en línea de la herramienta. La mayoría de las plataformas tienen comunidades activas que pueden orientarte y compartir buenas prácticas.

Elegir **la herramienta adecuada para la tarea** también es esencial. No todas las herramientas de IA están diseñadas para hacer todo. Por ejemplo, usar un chatbot para analizar hojas de cálculo complejas probablemente no arroje los mejores resultados—existen plataformas mejores para eso, como **Power BI o Tableau**. Del mismo modo, aunque ChatGPT puede generar código básico, los desarrolladores podrían beneficiarse más con herramientas como **GitHub Copilot**, diseñadas específicamente para programación. Emparejar la tarea con la herramienta correcta ahorra tiempo y evita frustraciones innecesarias.

Para mantenerte eficiente y bien informado, vale la pena seguir **las últimas novedades** en el espacio de la IA. El campo evoluciona rápidamente. Se lanzan nuevas funciones, herramientas e integraciones con frecuencia. Suscribirse a boletines, seguir a líderes de opinión en IA, asistir a webinars y explorar actualizaciones de productos puede ayudarte a mantenerte a la vanguardia. Las plataformas cambian rápido, y estar al día puede marcar la diferencia entre batallar con métodos obsoletos y aprovechar nuevas capacidades que simplifican tu trabajo.

Una técnica menos discutida pero igualmente valiosa es **dividir tareas en pasos más pequeños**. En lugar de dar a la IA una instrucción larga y complicada, intenta simplificar tu solicitud en una secuencia de comandos más cortos y claros. Por ejemplo, en lugar de pedirle a ChatGPT que escriba una propuesta de negocios completa de una sola vez, pídele primero que cree un esquema general, y luego amplía cada sección por separado. Este enfoque paso a paso ayuda a mantener la coherencia y te permite guiar los resultados conforme avanzas.

Finalmente, la mentalidad más importante al usar herramientas de IA es la de la **colaboración**. La IA no reemplaza tu creatividad ni tu experiencia; es tu **socia**. Interactuar con la IA debe sentirse como un proceso iterativo y colaborativo. TÚ das el prompt. ELLA responde. TÚ ajustas. ELLA se adapta. Cuanto más te involucres, mejor entenderás cómo obtener el mejor rendimiento de tus herramientas. Cada sesión construye tu intuición, enseñándote qué funciona, qué no, y cómo afinar tus instrucciones para obtener resultados superiores.

Dominar las herramientas de IA no es una meta de una sola vez. Es un **proceso continuo** de aprendizaje, adaptación y mejora. Si abordas esta tecnología con curiosidad, paciencia e intención, puedes desbloquear nuevos niveles de productividad, creatividad y capacidad de resolución de problemas. El futuro del trabajo está siendo moldeado por estas herramientas, y quienes aprendan a usarlas bien estarán mejor posicionados para prosperar en este entorno cambiante.

Mantente curioso. Experimenta con frecuencia. Y no tengas miedo de iterar hasta alcanzar la excelencia.

DIAGNÓSTICO POTENCIADO POR IA: MAYOR PRECISIÓN Y VELOCIDAD

El potencial transformador de la inteligencia artificial va mucho más allá de las herramientas de productividad y las aplicaciones creativas: está **revolucionando el sector de la salud**, particularmente en el ámbito del diagnóstico. Las herramientas diagnósticas impulsadas por IA están mejorando de forma drástica la **precisión, velocidad y eficiencia** de las evaluaciones médicas, lo que permite intervenciones más tempranas y mejores resultados para los pacientes. Esto ya no es una teoría: **ya está ocurriendo**, con resultados medibles.

Una de las aplicaciones más impactantes de la IA en el diagnóstico se encuentra en la **radiología**. Los radiólogos, que a menudo manejan grandes volúmenes de imágenes complejas —rayos X, tomografías, resonancias magnéticas—pueden ahora apoyarse en la IA como un poderoso asistente. Entrenados con extensos conjuntos de datos, los algoritmos de IA pueden detectar anomalías automáticamente, destacar áreas potencialmente problemáticas e incluso ofrecer sugerencias diagnósticas preliminares. Lejos de reemplazar a los radiólogos, estos sistemas actúan como **una segunda opinión experta**, ayudando a identificar detalles que podrían pasarse por alto en entornos de alta presión.

Por ejemplo, una herramienta de IA podría detectar un pequeño nódulo pulmonar en una radiografía de tórax— un posible indicador temprano de cáncer de pulmón—que fácilmente podría no ser advertido por un humano durante un turno ajetreado. En salas de urgencias y hospitales con alta demanda, la IA también puede **priorizar los casos más críticos**, asegurando atención inmediata para condiciones potencialmente mortales. La integración de la IA en radiología ya está generando **tiempos de respuesta más rápidos, diagnósticos más precisos y una mejor asignación de recursos**.

En **patología**, la IA también está generando un impacto significativo. El diagnóstico de enfermedades como el cáncer a menudo depende del examen microscópico de muestras de tejido, un proceso meticuloso y, a veces, subjetivo. Los sistemas impulsados por IA pueden analizar diapositivas digitales con velocidad y precisión excepcionales, identificando estructuras celulares anormales, cuantificando la presencia de marcadores patológicos y **brindando apoyo en tiempo real a los patólogos**. Por ejemplo, se ha demostrado que las herramientas de IA igualan o incluso superan el rendimiento humano en la identificación de células cancerosas en biopsias de próstata y mama. Esto no solo **mejora la fiabilidad diagnóstica**, sino que también **reduce el tiempo necesario para entregar resultados**— un factor crucial para el pronóstico del paciente.

La IA también está marcando diferencias en otras especialidades médicas:

- En **cardiología**, los algoritmos interpretan electrocardiogramas (ECG) y detectan afecciones como la fibrilación auricular o la hipertrofia ventricular izquierda con alta precisión, en ocasiones superando a médicos generalistas.

- En **oftalmología**, herramientas de IA analizan imágenes de retina para detectar signos tempranos de retinopatía diabética, glaucoma y degeneración macular—enfermedades donde la detección temprana es clave para evitar la pérdida de visión.

- En **dermatología**, los sistemas de IA evalúan lesiones cutáneas, ayudando a distinguir entre lunares benignos y melanomas malignos, muchas veces con precisión comparable a la de dermatólogos especializados.

Más allá de la precisión clínica, la IA tiene el potencial de **ampliar el acceso a la atención médica**, particularmente en regiones marginadas o rurales donde hay escasez de especialistas. Un médico general en una clínica remota puede usar una herramienta de IA para analizar un ECG o una lesión dérmica y recibir apoyo diagnóstico de nivel experto—**de forma instantánea y asequible.** Asimismo, permite implementar programas de tamizaje a gran escala, ayudando a los sistemas de salud a examinar a más pacientes de manera más eficiente, incluso en entornos con recursos limitados.

No obstante, concretar esta promesa implica enfrentar **desafíos clave y asumir responsabilidades éticas y técnicas.**

Uno de ellos es el **sesgo algorítmico.** Los sistemas de IA son tan buenos como los datos con los que se entrenan. Si los conjuntos de datos no representan adecuadamente a ciertos grupos—personas racializadas, mujeres, o comunidades desatendidas—los algoritmos podrían ser menos precisos para dichos pacientes. Este no es un problema hipotético: estudios han demostrado **desigualdades raciales** en el rendimiento de IA tanto en dermatología como en radiología. Para construir herramientas diagnósticas realmente equitativas, los conjuntos de datos deben **reflejar la diversidad global.** Desarrolladores, investigadores y organismos reguladores deben trabajar en conjunto para probar y mejorar los algoritmos en todos los grupos demográficos.

Otro tema crucial es la **regulación**. Cualquier herramienta diagnóstica—especialmente aquellas que influyen en decisiones de tratamiento—debe cumplir con **estándares rigurosos de seguridad y eficacia**. Los sistemas de IA deben validarse clínicamente y someterse a revisión por parte de autoridades nacionales como la **FDA** en EE.UU. o la **EMA** en Europa. Procesos de evaluación transparentes y **lineamientos claros de aprobación** son esenciales para generar confianza entre médicos y pacientes. Iniciativas emergentes, como el marco regulatorio propuesto por la FDA para software de IA como dispositivo médico (SaMD), están empezando a **dar forma a este nuevo campo**.

También es indispensable abordar la **privacidad de los datos**. Los sistemas de IA dependen de enormes cantidades de información médica—imágenes, análisis, historiales clínicos. **Proteger estos datos es innegociable**. Proveedores de salud y desarrolladores tecnológicos deben cumplir con marcos legales como **HIPAA** (en EE.UU.) o **GDPR** (en la UE), garantizando que los datos estén encriptados, anonimizados y almacenados de forma segura. La **transparencia, el consentimiento informado y la limitación de acceso** deben integrarse en cada capa del diseño de estos sistemas.

A pesar de estos desafíos, los beneficios de la IA en el diagnóstico son indiscutibles. **No se trata de reemplazar al personal médico, sino de potenciar sus capacidades**. La IA puede reducir errores humanos, gestionar cargas de trabajo crecientes y proporcionar apoyo en la toma de decisiones clínicas, permitiendo a los profesionales de la salud dedicar más tiempo a los pacientes y menos a tareas repetitivas.

En última instancia, el éxito de la IA en la atención médica dependerá no solo de la innovación técnica, sino de la **colaboración**: entre científicos de datos y médicos, entre reguladores y desarrolladores, entre sistemas de salud y los propios pacientes. Si lo hacemos bien, la IA no solo **mejorará la precisión del diagnóstico**, sino que también contribuirá a construir un sistema de salud más **accesible, equitativo y eficiente para todos**.

Esta no es solo una historia sobre máquinas más inteligentes. Es una historia sobre **cómo, con las salvaguardas adecuadas y objetivos compartidos, la tecnología puede ayudarnos a cuidar mejor unos de otros con humanidad y compasión**.

MEDICINA PERSONALIZADA: TRATAMIENTOS A LA MEDIDA DE CADA PACIENTE

La medicina personalizada representa un **cambio de paradigma en el cuidado de la salud**: se aleja del modelo tradicional de "talla única para todos" y se enfoca en tratamientos adaptados a las características únicas de cada paciente. Impulsado por avances en genómica, proteómica, metabolómica y otras disciplinas "ómicas", este enfoque aprovecha **volúmenes masivos de datos biológicos** para tomar decisiones clínicas más precisas. Sin embargo, la complejidad de estos datos supera la capacidad humana para analizarlos por sí sola. Aquí es donde la inteligencia artificial (IA) se vuelve **transformadora**, desbloqueando conocimientos, acelerando descubrimientos y mejorando la atención médica a una escala sin precedentes.

El papel de la IA en la medicina personalizada comienza desde las primeras etapas: **el descubrimiento y desarrollo de fármacos**. Tradicionalmente, desarrollar un nuevo medicamento ha sido un proceso costoso, prolongado y de alto riesgo. La IA **optimiza este proceso** al analizar rápidamente bases de datos de estructuras moleculares, objetivos biológicos y datos clínicos para identificar candidatos prometedores. Los modelos de aprendizaje automático pueden predecir cómo interactuarán los compuestos con los sistemas biológicos, advertir sobre posibles toxicidades y estimar la probabilidad de éxito en ensayos clínicos. Esto permite enfocar los recursos en las opciones más viables, **reduciendo costos y tiempos de desarrollo**. Empresas como Atomwise y BenevolentAI ya utilizan IA para **reformular medicamentos existentes o descubrir nuevos compuestos** con perfiles terapéuticos prometedores.

Más allá del descubrimiento, la IA también está transformando la forma en que se diseñan y ejecutan los **ensayos clínicos**. Tradicionalmente, estos ensayos se basan en grandes grupos de pacientes heterogéneos, lo que puede dificultar la detección de resultados significativos debido a la variación individual en la respuesta al tratamiento. La IA permite a los investigadores **estratificar a los pacientes** en subgrupos más homogéneos según perfiles genéticos, biomarcadores, comorbilidades y datos de estilo de vida. Este enfoque, conocido como **inscripción de precisión**, conduce a ensayos más eficientes y evaluaciones más precisas de eficacia. Además, los algoritmos predictivos pueden identificar qué pacientes tienen mayor probabilidad de beneficiarse del tratamiento o de experimentar efectos adversos, **mejorando la ética y la eficacia del diseño clínico**.

Este enfoque ya se está aplicando en la **oncología**. Algoritmos de IA analizan secuencias tumorales para emparejar pacientes con terapias dirigidas a sus mutaciones específicas. Así, los oncólogos pueden **evitar tratamientos ineficaces y reducir efectos secundarios innecesarios**, mejorando tanto la tasa de supervivencia como la calidad de vida.

Una vez iniciado el tratamiento, la IA sigue generando valor mediante el **seguimiento en tiempo real de la respuesta del paciente**. A través de expedientes médicos electrónicos, sensores portátiles e imágenes médicas, los sistemas de

IA recopilan datos continuos sobre el estado de salud del paciente. Estos sistemas detectan patrones que indican si el tratamiento está funcionando, si aparecen efectos secundarios o si se requieren ajustes. Por ejemplo, herramientas de IA pueden detectar signos tempranos de neutropenia en pacientes con quimioterapia, permitiendo intervenciones oportunas que previenen complicaciones. En enfermedades crónicas como la diabetes o la hipertensión, la IA puede ayudar a **ajustar dosis de medicamentos** basándose en datos de monitoreo continuo, mejorando el control de la enfermedad.

La IA también está revolucionando el **diagnóstico personalizado**. Al analizar conjuntos de datos complejos— secuencias genéticas, perfiles proteómicos, imágenes médicas e historiales clínicos—las herramientas de IA pueden identificar factores de riesgo o señales tempranas de enfermedad. Por ejemplo, en **mamografías para detección de cáncer de mama**, algoritmos detectan cambios sutiles que podrían pasar desapercibidos para el ojo humano. En **cardiología**, la IA predice la probabilidad de infartos analizando imágenes, electrocardiogramas y biomarcadores. Cuanto más temprano se identifica y caracteriza una enfermedad, más personalizada y efectiva puede ser la intervención.

No obstante, integrar la IA en la medicina personalizada conlleva varios desafíos clave:

1. **Calidad e interoperabilidad de los datos.** La IA requiere grandes volúmenes de datos diversos y bien etiquetados. Sin embargo, los datos de diferentes hospitales a menudo están en formatos incompatibles, usan terminología distinta o presentan valores faltantes. Iniciativas como los estándares FHIR de HL7 son fundamentales para construir sistemas interoperables.

2. **Interpretabilidad.** Muchos de los modelos más precisos, como las redes neuronales profundas,

funcionan como "cajas negras" difíciles de explicar. En medicina, donde las decisiones pueden salvar o afectar vidas, **la transparencia es crucial**. Desarrollar sistemas de IA explicables (XAI) es una prioridad creciente, permitiendo que los médicos comprendan no solo lo que predice el modelo, sino por qué lo hace.

3. **Privacidad y seguridad de los datos.** Los sistemas de IA utilizan información médica altamente sensible. Asegurar el cumplimiento con leyes como HIPAA (EE.UU.) y GDPR (UE) es esencial. Deben implementarse **técnicas de anonimización, cifrado robusto y políticas de gobernanza de datos transparentes** para proteger a los pacientes y mantener la confianza.

4. **Barreras económicas.** Implementar soluciones de IA implica inversión en infraestructura, integración tecnológica, capacitación de personal y mantenimiento. Para muchos hospitales, especialmente en regiones con recursos limitados, estos costos son **difíciles de asumir**. La expansión del acceso dependerá de soluciones escalables, rentables y de modelos colaborativos con apoyo público-privado.

A pesar de estos obstáculos, el **potencial de la medicina personalizada impulsada por IA es enorme**. Adaptando los tratamientos a la biología, preferencias y condiciones específicas de cada persona, esta estrategia puede:

- Aumentar la eficacia de los tratamientos
- Reducir efectos secundarios y complicaciones
- Mejorar la satisfacción y los resultados del paciente
- Optimizar la atención médica y reducir intervenciones innecesarias

A medida que los modelos de IA sigan evolucionando y los datos se vuelvan más accesibles y estandarizados, la **precisión y personalización de los tratamientos continuará mejorando**.

En conclusión, la medicina personalizada ya no es una visión futura: **es una realidad emergente**, potenciada por las crecientes capacidades de la inteligencia artificial. Aunque el camino requiere atención a temas éticos, regulatorios y logísticos, el destino ofrece **una transformación radical del cuidado de la salud**. Con investigación continua, estrategias de implementación equitativas y un compromiso con la innovación responsable, la medicina personalizada con IA puede inaugurar una era de salud más **precisa, proactiva y centrada en el paciente.**

CIRUGÍA ASISTIDA POR IA: PRECISIÓN MEJORADA Y MENORES RIESGOS

La integración de la inteligencia artificial (IA) en los quirófanos representa un **avance transformador en la medicina moderna**. Lejos de reemplazar a los cirujanos, la cirugía asistida por IA los empodera con herramientas que **mejoran la precisión, reducen la invasividad y optimizan los resultados para los pacientes**. Esta colaboración entre la experiencia quirúrgica y la tecnología inteligente está redefiniendo lo que es posible en el campo de la cirugía, de manera segura, efectiva y con el bienestar del paciente como prioridad.

Uno de los aportes más impactantes de la IA en cirugía se encuentra en el **análisis de imágenes médicas**. Los cirujanos dependen en gran medida de tomografías computarizadas, resonancias magnéticas e imágenes por ultrasonido para planear procedimientos y navegar anatomías complejas. Sin embargo, interpretar estas imágenes manualmente es laborioso y susceptible a errores humanos. Los algoritmos de aprendizaje profundo, entrenados con grandes volúmenes de imágenes médicas etiquetadas, ahora pueden analizarlas con **extraordinaria rapidez y precisión**. Estas herramientas detectan anomalías como tumores, lesiones o hemorragias internas que podrían pasar desapercibidas, además de cuantificar su tamaño, ubicación y evolución. Este nivel de claridad basado en datos permite planificar **procedimientos más precisos y menos invasivos**, reduciendo incisiones innecesarias, minimizando el daño tisular y acortando los tiempos de recuperación.

La contribución de la IA no se limita a la planificación preoperatoria. Durante la cirugía, **los sistemas robóticos potenciados con IA elevan la seguridad y precisión en tiempo real**. Sistemas como el da Vinci Surgical System de Intuitive Surgical ya incorporan módulos de IA que ofrecen asistencia directa durante la operación. Estos proporcionan retroalimentación háptica, visualización 3D mejorada y capacidad para realizar **microajustes con precisión submilimétrica**. Además, algoritmos de IA siguen constantemente la posición de los instrumentos quirúrgicos en relación con estructuras anatómicas delicadas, emitiendo señales visuales y alertas para evitar nervios, vasos u órganos, algo vital en procedimientos de alto riesgo.

La IA también **apoya la toma de decisiones intraoperatorias**. Por ejemplo, en la cirugía laparoscópica—donde el campo visual del cirujano es limitado—los sistemas de IA pueden superponer información crítica en el video en tiempo real: resaltar estructuras anatómicas, identificar planos quirúrgicos o incluso sugerir pasos quirúrgicos basados en bases de datos quirúrgicas y datos específicos del paciente. Así, la IA actúa como un **asistente experto silencioso**, mejorando el juicio clínico y la eficiencia en momentos clave.

Fuera del ámbito robótico, la IA también mejora las **cirugías guiadas por imágenes**, como las que utilizan catéteres o agujas. Aquí, los algoritmos mejoran la precisión del registro de imágenes (alineando los datos con la anatomía del paciente), lo que **aumenta la exactitud en la colocación**

de los instrumentos. Esto tiene grandes implicaciones para procedimientos mínimamente invasivos, ya que reduce riesgos, mejora resultados y muchas veces evita la necesidad de intervenciones repetidas.

Una aplicación especialmente prometedora es la **formación quirúrgica basada en IA**. Aprender habilidades quirúrgicas complejas toma años, y las oportunidades reales de práctica pueden ser limitadas. Los simuladores potenciados con IA están cerrando esta brecha. Estas plataformas avanzadas ofrecen entornos realistas y seguros para practicar, acompañados de retroalimentación en tiempo real. La IA analiza la técnica del cirujano, evalúa su precisión, velocidad y toma de decisiones, y brinda sugerencias para mejorar. Esto acelera el desarrollo de habilidades sin poner en riesgo a los pacientes y **promueve el aprendizaje continuo** a lo largo de la carrera del cirujano.

A pesar de estos avances, **la adopción de la IA en cirugía conlleva importantes retos éticos y prácticos**:

1. **Responsabilidad legal.** Aunque la IA asiste en decisiones críticas, el cirujano sigue siendo responsable del resultado. La IA debe verse como un sistema de apoyo, no como una autoridad autónoma. Es fundamental establecer **marcos regulatorios claros** sobre su uso, especialmente en entornos de alto riesgo como el quirófano.

2. **Transparencia.** Muchos sistemas de IA, especialmente los basados en aprendizaje profundo, operan como "cajas negras", lo que significa que no explican cómo llegaron a una conclusión. En cirugía, donde las decisiones deben tener justificación clínica, esta opacidad **afecta la confianza y la adopción**. Desarrollar modelos explicables (XAI) que permitan entender el razonamiento detrás de las sugerencias de IA es esencial.

3. **Privacidad y seguridad de los datos.** Entrenar sistemas de IA efectivos requiere acceso a grandes cantidades de datos sensibles—imágenes, historiales médicos, notas operatorias—, lo que plantea preocupaciones sobre su uso. Se requieren políticas sólidas de gobernanza de datos, incluyendo **controles de acceso, anonimización y cumplimiento de leyes como HIPAA y GDPR.**

4. **Infraestructura y equidad de acceso.** Implementar IA quirúrgica requiere **potencia computacional, conectividad hospitalaria y actualizaciones constantes**, lo que implica costos considerables. Esto puede aumentar la brecha entre hospitales bien financiados y centros en zonas rurales o con recursos limitados. Superar esta desigualdad requerirá **incentivos gubernamentales, modelos de infraestructura compartida y colaboración público-privada**.

A pesar de estos desafíos, los beneficios de la cirugía asistida por IA son **cada vez más evidentes**: mayor precisión, menos complicaciones, tiempos de recuperación más cortos y acceso ampliado a atención quirúrgica experta. El futuro de la cirugía no se trata de reemplazar cirujanos con máquinas, sino de **aumentar sus habilidades, visión y juicio clínico con herramientas inteligentes** que eleven el nivel de atención.

A medida que la investigación avance, podemos esperar aplicaciones aún más innovadoras: sistemas que **aprenden de cada intervención para mejorar la siguiente**, plataformas que permitan **cirugía remota o mentoría quirúrgica a distancia**, y procedimientos **personalizados según la anatomía y el historial del paciente**.

En conclusión, la cirugía asistida por IA ejemplifica la mejor cara de la innovación tecnológica: **una que amplifica la habilidad humana, promueve la seguridad y coloca al paciente en el**

centro. A medida que este campo madura, será la colaboración entre el juicio humano y la inteligencia artificial lo que defina la próxima era de la excelencia quirúrgica. Este no es solo el futuro de la cirugía: **ya está transformando el presente**, incisión por incisión.

IA EN LA SALUD PÚBLICA: PREVENCIÓN Y GESTIÓN DE BROTES EPIDÉMICOS

El poder transformador de la inteligencia artificial (IA) va mucho más allá de la atención médica individual: se extiende al panorama más amplio de la **salud pública**, donde ya está redefiniendo la forma en que **anticipamos, prevenimos y gestionamos los brotes de enfermedades infecciosas**. En un mundo donde las amenazas sanitarias pueden surgir y escalar rápidamente, la IA ofrece una ventaja crucial: **la capacidad de analizar enormes volúmenes de datos complejos y extraer información significativa en tiempo real**. Esto convierte a la IA en un aliado vital para reforzar la seguridad sanitaria global y mejorar los sistemas de respuesta ante emergencias.

Uno de los usos más prometedores de la IA en salud pública es el **modelado predictivo**. Al analizar brotes históricos, factores ambientales, tendencias de viaje y datos demográficos, los algoritmos de IA pueden pronosticar **dónde y cuándo podría surgir o resurgir una enfermedad**. Estos modelos son ricos en datos y dinámicos, incorporando variables como temperatura, lluvias, humedad, cobertura de vacunación e incluso publicaciones en redes sociales que mencionan síntomas similares a la gripe. Este enfoque permite a las autoridades sanitarias actuar con antelación—**movilizando recursos, distribuyendo vacunas y ajustando la comunicación pública**— antes de que la crisis se descontrole.

Por ejemplo, la IA ya ha demostrado su capacidad para **predecir la gripe estacional** mediante el análisis de datos de urgencias, patrones climáticos, búsquedas en línea y redes sociales. Técnicas similares se han utilizado para **monitorear brotes de dengue, virus del Zika y bacterias resistentes a antibióticos**. Al anticipar con precisión dónde pueden aparecer estas amenazas, las agencias de salud pública pueden **responder de forma proactiva**, salvar vidas y reducir la presión sobre los sistemas sanitarios.

La IA también desempeña un papel clave en la **vigilancia en tiempo real y la gestión de brotes**. Durante una epidemia, la cantidad de datos generados—expedientes clínicos, pruebas de laboratorio, datos de geolocalización y publicaciones digitales —puede superar fácilmente las capacidades de los sistemas tradicionales. Las plataformas impulsadas por IA **procesan esta información rápidamente, identificando zonas calientes, agrupaciones de casos y evaluando la efectividad de las intervenciones sanitarias**. Esto facilita una toma de decisiones más rápida y adaptativa, permitiendo ajustar estrategias a medida que evoluciona la situación.

Una aplicación especialmente útil es el **rastreo de contactos automatizado**. Este proceso, que tradicionalmente depende de entrevistas y seguimientos manuales, puede acelerarse con IA. Al analizar datos de teléfonos móviles, redes de transporte o pagos electrónicos, la IA puede **identificar rápidamente a personas que han estado en contacto con un caso positivo**, reduciendo los tiempos de respuesta. Sin embargo, estas capacidades plantean **importantes desafíos éticos y de**

privacidad, por lo que se requieren **marcos de gobernanza robustos, protocolos de consentimiento claros y medidas estrictas de seguridad de datos.**

En el ámbito clínico, la IA también mejora la **velocidad y precisión de los diagnósticos**, algo crucial durante brotes de enfermedades altamente contagiosas. Los sistemas de reconocimiento de imágenes impulsados por IA pueden analizar radiografías, tomografías o muestras microscópicas con gran precisión, ayudando a identificar infecciones como neumonía, tuberculosis o COVID-19 de forma más rápida y confiable. Esto **acelera las decisiones de tratamiento y reduce la variabilidad diagnóstica entre profesionales**, especialmente en contextos con escasez de personal médico calificado.

Otro beneficio clave es el papel de la IA en los sistemas de **vigilancia epidemiológica**. Puede detectar **cambios sutiles en los patrones de salud pública**—como aumentos en visitas a emergencias, ventas de farmacias o búsquedas en línea—que indican un brote en ciernes. Al identificar estas anomalías a tiempo, las autoridades sanitarias pueden investigar y actuar antes de que el problema se agrave.

La IA también permite una **mejor asignación de recursos durante emergencias sanitarias.** En situaciones de escasez—como ventiladores, camas hospitalarias o equipos de protección personal—la IA ayuda a determinar **dónde y cuándo desplegar estos recursos**, maximizando su impacto y equidad. Esta capacidad es especialmente crucial en **regiones con infraestructura limitada o poblaciones vulnerables**.

Uno de los avances más revolucionarios facilitados por la IA es su contribución a la **investigación de vacunas y tratamientos**. Las plataformas basadas en IA pueden analizar enormes bases de datos moleculares para identificar posibles objetivos terapéuticos, predecir interacciones entre proteínas y simular respuestas al tratamiento. Esto **acelera enormemente la investigación**, permitiendo llevar candidatos prometedores a ensayos clínicos en menos tiempo. Durante la pandemia de COVID-19, la IA fue fundamental para **rastrear mutaciones virales y orientar actualizaciones de vacunas**.

Desafíos clave en la implementación de IA en salud pública:

- **Calidad y sesgo de los datos:** Los modelos de IA solo son tan buenos como los datos en los que se entrenan. Si los datos reflejan desigualdades sistémicas—como menor acceso a pruebas en zonas rurales o subregistro en comunidades marginadas—la IA puede **reproducir o incluso amplificar esas inequidades**.

- **Privacidad y consentimiento:** Muchas herramientas de IA dependen de datos personales sensibles. Es vital **proteger esta información mediante encriptación, cumplimiento de leyes como HIPAA y GDPR**, y mecanismos de consentimiento transparentes y comprensibles.

- **Transparencia y confianza:** Algunos modelos de IA, especialmente los de aprendizaje profundo, son difíciles de interpretar. Para que las autoridades sanitarias confíen en sus resultados, se debe fomentar el desarrollo de **IA explicable (XAI)** que muestre no solo las respuestas, sino también **la lógica detrás de ellas**.

- **Equidad global:** No todos los países tienen la infraestructura o el talento humano para implementar herramientas avanzadas de IA. Superar esta brecha requerirá **colaboración internacional, financiamiento y herramientas de código abierto** adaptadas a contextos de bajos recursos.

El camino hacia adelante

El éxito de la IA en salud pública dependerá de la **colaboración entre científicos de datos, profesionales de la**

salud, funcionarios públicos, éticos y legisladores. Solo con un compromiso compartido con el diseño ético, la transparencia y el acceso equitativo, podremos garantizar que estas herramientas beneficien a toda la población y no solo a quienes tienen más recursos.

Conclusión

La IA se está convirtiendo rápidamente en un **aliado indispensable en la lucha contra las enfermedades infecciosas.** Su capacidad para predecir, detectar, gestionar y responder a brotes ofrece una **nueva hoja de ruta para construir un sistema de salud global más ágil y resiliente**. Pero con gran poder, viene una gran responsabilidad. A medida que integramos la IA en los marcos de salud pública, debemos hacerlo de forma **reflexiva, ética e inclusiva**, asegurando que sus beneficios lleguen a todos los rincones del planeta.

El futuro de la salud pública se está escribiendo en tiempo real— con la IA como coautora y guía.

CONSIDERACIONES ÉTICAS: PRIVACIDAD DE DATOS, SESGO ALGORÍTMICO Y ACCESO A LA ATENCIÓN MÉDICA

La integración de la inteligencia artificial en la atención médica ofrece un potencial inmenso, pero también plantea **desafíos éticos profundos**. A medida que los sistemas de IA se incorporan cada vez más en los diagnósticos, tratamientos y monitoreo de pacientes, se vuelve urgente **abordar inquietudes sobre la privacidad de los datos, el sesgo algorítmico y el acceso equitativo**. No enfrentar estos problemas puede profundizar las desigualdades existentes, erosionar la confianza pública y **socavar los objetivos que la IA pretende impulsar en la medicina**.

Protección de la privacidad del paciente en la era de la IA

En el corazón de la IA médica se encuentra una **inmensa necesidad de datos**. Desde perfiles genéticos hasta comportamientos cotidianos, los sistemas de IA requieren grandes volúmenes de **información sensible** para operar con eficacia. Pero esta dependencia plantea **preguntas críticas sobre cómo se recopilan, almacenan y comparten esos datos.**

Los expedientes médicos son **una de las formas más delicadas de información personal.** Su uso indebido o filtración puede conducir al robo de identidad, discriminación en seguros o daño reputacional. Casos recientes de violaciones de datos en el sector salud han acentuado aún más estas preocupaciones.

Para mitigar estos riesgos, los desarrolladores y prestadores de servicios deben aplicar **protocolos robustos de protección de datos**, incluyendo cifrado de extremo a extremo, técnicas avanzadas de anonimización y controles de acceso que limiten quién puede ver o modificar los registros. Pero las protecciones técnicas **no son suficientes por sí solas.**

La **transparencia es igualmente crucial.** Los pacientes deben saber qué datos se recopilan, con qué propósito, cómo se protegerán y si serán compartidos con terceros. Esto requiere **políticas de uso de datos claras y accesibles**, no escondidas en la letra pequeña, y sistemas que permitan a los pacientes ejercer un consentimiento informado y significativo. El uso ético de los datos comienza **tratando a los pacientes como socios en su cuidado, no como meros puntos de información.**

Sesgo algorítmico y equidad en salud

Los modelos de IA son moldeados por los datos con los que se entrenan. Si esos datos reflejan desigualdades históricas, los modelos también lo harán. Este problema, conocido como **sesgo algorítmico**, representa una amenaza significativa para la equidad en la atención médica.

Por ejemplo, un sistema entrenado principalmente con datos de poblaciones blancas urbanas puede tener **mal desempeño en comunidades rurales o de minorías raciales**, resultando en diagnósticos erróneos, tratamientos inapropiados o exclusión de intervenciones vitales.

El sesgo puede surgir por múltiples causas:

- Subrepresentación de ciertos grupos en los conjuntos de datos

- Disparidades socioeconómicas que distorsionan la recolección de datos

- Sesgos implícitos de los desarrolladores o instituciones que construyen los sistemas

Para combatir estos riesgos, se necesita un **enfoque de múltiples capas**:

- Asegurar **diversidad y representación** en los datos de entrenamiento (raza, género, edad, ubicación, nivel socioeconómico)

- Validar rigurosamente los algoritmos en **conjuntos de prueba diversos**

- **Monitorear continuamente** el comportamiento del sistema tras su implementación para identificar y corregir daños no intencionados

Los **comités de supervisión ética**, integrados por especialistas en ética, médicos, ingenieros y representantes comunitarios, pueden asegurar que la equidad esté presente en **cada etapa del ciclo de vida de la IA**.

Cerrando la brecha digital

Aunque la IA tiene el potencial de **democratizar el acceso a la atención médica**, también corre el riesgo de profundizar la desigualdad, creando **un sistema de dos niveles**: uno con instalaciones tecnológicamente avanzadas que aprovechan sus beneficios, y otro que queda rezagado.

Muchas comunidades aún carecen de infraestructura básica— **internet de banda ancha, equipos actualizados o capacitación digital**—para utilizar eficazmente herramientas de salud basadas en IA. Esta **brecha digital** refuerza las desigualdades existentes, especialmente en áreas rurales y zonas de bajos recursos.

Para garantizar un acceso equitativo, se necesita una acción sistémica y deliberada:

- **Inversión pública y privada** en infraestructura digital
- Modelos abiertos o con subsidios para el uso de herramientas de IA
- Diseño inclusivo que favorezca la **usabilidad por personas sin experiencia técnica**
- Educación y divulgación culturalmente sensible para fomentar la confianza en los sistemas de IA

El **acceso no debe ser una preocupación secundaria**, sino **un pilar central en el desarrollo e implementación de estas tecnologías**.

Un marco ético para la IA en salud

Los sistemas de salud deben guiarse por un **marco ético basado en los cuatro principios fundamentales de la bioética**:

- **Autonomía**: Los pacientes deben tener control sobre sus datos y comprender cómo se utilizan las herramientas de IA en su atención.
- **Beneficencia**: La IA debe buscar mejorar activamente la salud y el bienestar.
- **No maleficencia**: Los sistemas deben diseñarse para **minimizar daños potenciales**, incluyendo errores, sesgos o mal uso de los datos.
- **Justicia**: Los beneficios deben distribuirse equitativamente y **el acceso no debe depender de la geografía, los ingresos o el nivel educativo**.

Estos principios deben integrarse **desde el origen de los**

proyectos: desde la recolección de datos, el entrenamiento de modelos, las pruebas clínicas y hasta el monitoreo post-implementación.

Fomentando una cultura de responsabilidad ética

La ética **no puede ser un agregado tardío**. Debe formar parte del ADN organizacional. Todos los actores—**desarrolladores, médicos, administradores**—deben estar capacitados para comprender las dimensiones sociales y morales del uso de la IA.

Es fundamental establecer **programas de formación** e incentivar la colaboración interdisciplinaria entre expertos en IA, filósofos, juristas y defensores de los derechos del paciente.

También se deben formar **comités independientes de revisión ética**, con autoridad para **evaluar, pausar o modificar** el uso de tecnologías cuando se identifiquen riesgos que superen los beneficios.

La **transparencia y la rendición de cuentas públicas** son clave. Auditorías periódicas, publicación abierta de resultados y espacios de diálogo con la ciudadanía **son esenciales para mantener la confianza**.

Un esfuerzo global hacia la ética en la IA

Muchos de estos desafíos son de escala global. Marcos regulatorios como el **GDPR en Europa o HIPAA en Estados Unidos** son pasos importantes, pero se requiere **mayor coordinación internacional** para estandarizar buenas prácticas éticas.

Además, **el acceso equitativo a la IA en salud no debe depender del PIB de cada país**. Será necesario impulsar el **código abierto, la inversión pública** y las **iniciativas de intercambio de conocimiento** para evitar un futuro donde solo los países más ricos se beneficien de estas tecnologías.

Conclusión

El potencial de la IA en salud es gigantesco, pero también lo es nuestra responsabilidad colectiva. La privacidad de los datos, el sesgo algorítmico y el acceso equitativo **no son temas periféricos**, sino **la base sobre la cual debe construirse la confianza**.

El camino hacia adelante exige **transparencia, inclusión y un compromiso firme con los principios éticos**. Si la IA va a transformar la atención médica para bien, debe hacerlo **al servicio de todas las personas**, no solo de unas pocas privilegiadas.

Ese es el verdadero indicador del progreso.

AUTOS AUTÓNOMOS: TECNOLOGÍA E IMPLICACIONES

La transición hacia un mundo con autos autónomos representa mucho más que un avance tecnológico; es una **redefinición fundamental de cómo nos desplazamos por nuestros entornos**. Para comprender esta transformación, es necesario examinar tanto la tecnología sofisticada que impulsa estos vehículos como las **profundas implicaciones sociales** de su adopción generalizada.

La tecnología detrás de la autonomía

En el núcleo de los vehículos autónomos se encuentra una **fusión de hardware avanzado y software inteligente**. Este ecosistema comienza con un conjunto robusto de sensores, que funcionan como los órganos sensoriales del vehículo:

- **Lidar (detección y alcance por luz)**: emite pulsos láser para construir mapas tridimensionales detallados del entorno, midiendo distancias y formas con gran precisión.

- **Radar (detección y alcance por radio)**: utiliza ondas de radio para detectar velocidad y posición de objetos cercanos, especialmente útil en condiciones de poca visibilidad.

- **Cámaras**: proporcionan un contexto visual rico, permitiendo identificar señales de tráfico, peatones, semáforos y marcas viales.

- **Sensores ultrasónicos**: comunes en sistemas de estacionamiento, detectan objetos a corta distancia y ayudan en maniobras de baja velocidad.

Estos sistemas generan enormes volúmenes de datos que deben ser **procesados en tiempo real**. Aquí es donde la **inteligencia artificial** juega un papel central.

IA: El cerebro del vehículo

Los algoritmos de IA, basados principalmente en **aprendizaje profundo (deep learning)**, interpretan los datos de los sensores y los convierten en decisiones accionables. Las **redes neuronales convolucionales (CNN)** sobresalen en el análisis de imágenes, como el reconocimiento de peatones o la lectura de señales. Las **redes neuronales recurrentes (RNN)** ayudan a predecir el comportamiento de objetos en movimiento, como la trayectoria de otro auto en una intersección.

Estas herramientas **no solo interpretan el presente, sino que también anticipan riesgos**, permitiendo que el vehículo planifique rutas y reaccione antes de que ocurran los peligros.

Los sistemas de **planificación y control** se encargan de transformar estas decisiones en acciones físicas: **girar, frenar, acelerar**. Todo esto se ejecuta con precisión milimétrica y en fracciones de segundo, ajustándose constantemente según los datos entrantes.

Desafíos en el mundo real

A pesar de los avances impresionantes, implementar autos autónomos en el mundo real es **altamente complejo**. A diferencia de los entornos de prueba controlados, las **carreteras públicas son impredecibles**. Conductores humanos, peatones, animales, el clima, obras viales y carriles mal señalizados representan **desafíos constantes** que requieren una toma de decisiones matizada y sensible al contexto.

Alcanzar la **autonomía total (Nivel 5)** —donde los vehículos manejan cualquier situación sin intervención humana— sigue siendo una meta lejana. La mayoría de los sistemas actuales, como los de Waymo o Tesla, operan entre los **niveles 2 y 4**, con distintos grados de supervisión humana o restricciones geográficas.

Dilemas éticos y regulación

A medida que los autos autónomos toman decisiones que antes correspondían al juicio humano, surgen **preguntas éticas clave**. En situaciones de accidente inevitables, ¿cómo debe el vehículo priorizar resultados? ¿Debe proteger primero a sus ocupantes o a los peatones? Estas cuestiones han generado intensos debates y resaltan la necesidad de **marcos éticos claros y transparentes**.

Simultáneamente, los sistemas legales y regulatorios deben **evolucionar para definir la responsabilidad**. Si un auto autónomo causa un accidente, ¿quién es responsable: el desarrollador del software, el fabricante o el pasajero? Estas **ambigüedades legales deben resolverse** antes de que la adopción masiva sea viable.

Implicaciones sociales y económicas

La adopción generalizada de autos autónomos podría **mejorar radicalmente la seguridad vial**, considerando que **más del 90% de los accidentes son causados por error humano**. Además, la coordinación entre vehículos podría **reducir la congestión**, **optimizar el consumo de combustible** y **disminuir las emisiones contaminantes**.

También podrían **transformar el diseño urbano**. Con menor necesidad de estacionamientos cerca de destinos, las ciudades podrían **reutilizar ese espacio para áreas verdes, vivienda o usos públicos**. Además, los vehículos autónomos pueden **ampliar el acceso a la movilidad** para personas con discapacidades, adultos mayores o quienes no poseen licencia de conducir.

Por otro lado, esta transición plantea **riesgos importantes**. **Millones de empleos** en transporte—conductores de camión, taxi y reparto—podrían verse afectados. Será esencial **implementar políticas proactivas**, como programas de reconversión laboral, apoyo económico y generación de nuevos empleos.

Otro tema urgente es la **ciberseguridad**. Estos vehículos dependen de software y conectividad constante, lo que los hace vulnerables a ataques informáticos, errores de programación o sabotajes. Se necesita una **infraestructura digital segura y protocolos de prueba rigurosos** para proteger tanto a los pasajeros como a la infraestructura pública.

El camino por delante

El panorama regulatorio aún está fragmentado. Países como Estados Unidos, Alemania, China y Japón adoptan enfoques diversos respecto a las pruebas y despliegue, usualmente liderados por la iniciativa privada. Será necesario establecer **estándares globales en seguridad, responsabilidad legal, uso de datos y protocolos de prueba** para garantizar la **interoperabilidad y la confianza pública**.

Mientras tanto, empresas como **Waymo, Cruise, Tesla, Mobileye y Aurora** siguen **empujando los límites de la tecnología autónoma**, muchas veces en colaboración con fabricantes automotrices y agencias gubernamentales.

Conclusión

El camino hacia la autonomía es largo y complejo, pero **el destino promete una transformación profunda**. Si se desarrollan e implementan de manera responsable, los autos autónomos pueden traer **beneficios significativos en seguridad, eficiencia, accesibilidad y sostenibilidad**.

Pero esos beneficios **solo podrán lograrse si enfrentamos los desafíos técnicos, legales, éticos y sociales que persisten**. Esta transición requiere más que excelencia en ingeniería: **demanda regulación inteligente, confianza pública y colaboración entre sectores**.

El viaje ya ha comenzado, y el potencial para **redefinir cómo vivimos, trabajamos y nos movemos está más cerca que nunca**.

CAMIONES AUTÓNOMOS Y LOGÍSTICA: REVOLUCIONANDO LAS CADENAS DE SUMINISTRO

La revolución de los vehículos autónomos va mucho más allá de los automóviles particulares: está destinada a **transformar radicalmente el panorama del transporte de carga y la logística**. Los camiones autónomos, guiados por sofisticados sistemas de inteligencia artificial (IA), están surgiendo como herramientas clave para **optimizar las cadenas de suministro**. Su potencial para **aumentar la eficiencia, reducir costos y mejorar la seguridad** podría tener implicaciones profundas para la economía global y la forma en que se trasladan bienes a lo largo de regiones y continentes.

La eficiencia como imperativo

Uno de los beneficios más destacados de los camiones autónomos es su capacidad para **mejorar drásticamente**

la eficiencia operativa. Los conductores humanos necesitan descansos, tienen horarios laborales limitados y requieren tiempo libre, lo que genera tiempos muertos y retrasos en las entregas. En cambio, los camiones autónomos pueden operar las 24 horas del día, siempre que exista infraestructura adecuada para recarga o reabastecimiento. Esta operación continua se traduce directamente en **entregas más rápidas y cumplimiento más confiable**, algo esencial en los modelos de inventario justo a tiempo.

La **optimización de rutas impulsada por IA** añade otra capa de eficiencia. Estos algoritmos ajustan dinámicamente los trayectos según datos en tiempo real como condiciones de tráfico, clima, cierres viales y horarios de entrega. Esto **reduce tiempos de inactividad, minimiza el consumo de combustible y permite programaciones logísticas más ajustadas**, lo que resulta en **ahorros sustanciales**.

Seguridad y conciencia situacional

Además de la eficiencia, los camiones autónomos ofrecen **mejoras significativas en la seguridad vial.** El error humano es una de las principales causas de accidentes en el transporte de carga. Los sistemas de conducción con IA, en cambio, están diseñados para **respetar estrictamente las normas de tránsito, mantener vigilancia constante y reaccionar instantáneamente ante eventos inesperados.**

Estos vehículos están equipados con avanzados conjuntos de sensores—**lidar, radar, cámaras y sensores ultrasónicos**—que trabajan en conjunto para percibir el entorno con un nivel de precisión que **a menudo supera al de los humanos.** Incluso en condiciones de baja visibilidad o clima adverso, estos sensores ofrecen una conciencia situacional constante, **mejorando la detección de peligros y la prevención de colisiones.**

Optimización de la carga y la planificación

La IA también puede **revolucionar la gestión de la carga**. Analizando enormes conjuntos de datos sobre ventanas de entrega, tipos de mercancía, demanda regional y pronósticos climáticos, la IA puede **optimizar rutas de entrega, equilibrar cargas y reducir los viajes en vacío**. Esto no solo disminuye el desgaste del vehículo, sino que también **reduce emisiones y mejora la confiabilidad de los envíos**.

Además, durante interrupciones inesperadas como cierres de ruta o fallas mecánicas, la IA permite **tomar decisiones en tiempo real**, reubicando activos y ajustando planes logísticos sin grandes demoras.

Obstáculos en la implementación

No obstante, la adopción generalizada de camiones autónomos enfrenta múltiples desafíos. Los **marcos regulatorios aún están en desarrollo** y son inconsistentes entre jurisdicciones. Estos vehículos deben ser probados en diversas condiciones geográficas y climáticas para cumplir con **estándares rigurosos de seguridad y desempeño**.

La **confianza del público** también es una barrera importante. Las preocupaciones sobre seguridad, pérdida de empleos y confiabilidad tecnológica deben ser abordadas mediante **educación pública, programas piloto y comunicación transparente** que muestre los beneficios en contextos reales.

Impactos económicos y laborales

La industria del transporte de carga **emplea a millones de personas** en todo el mundo, muchas de las cuales dependen del manejo como su principal fuente de ingresos. Aunque la tecnología autónoma probablemente **reduzca el**

número de empleos de conducción a larga distancia, también creará nuevas funciones en **gestión de flotas, monitoreo remoto, mantenimiento de sistemas, coordinación logística y desarrollo de IA.**

Para minimizar la disrupción económica, se requieren **estrategias proactivas**, como programas de **reentrenamiento vocacional, aprendizajes en tecnologías logísticas** y **apoyo para trabajadores desplazados** a fin de facilitar su transición hacia industrias relacionadas.

Infraestructura y ciberseguridad

La implementación de camiones autónomos requerirá **importantes mejoras en infraestructura**, como estaciones de carga eléctrica, redes 5G para transmisión de datos en tiempo real y **carreteras inteligentes** con señalización clara. Estos avances deberán ser impulsados mediante **alianzas público-privadas** y una **coordinación regional e internacional.**

La **ciberseguridad** es otra preocupación clave. Los camiones autónomos dependen de sistemas de software altamente conectados, lo que los convierte en posibles objetivos de ataques cibernéticos. Se necesita una arquitectura digital robusta con **encriptación de extremo a extremo, detección de intrusiones, actualizaciones frecuentes y protocolos estrictos.** Un ataque podría comprometer **tanto la seguridad pública como la continuidad de la cadena de suministro.**

Beneficios ambientales y sociales

Los camiones autónomos pueden ofrecer beneficios ambientales mediante **patrones de conducción más eficientes y logística optimizada.** Combinados con motores eléctricos, podrían **reducir considerablemente las emisiones**, contribuyendo a los objetivos climáticos globales. Además, su capacidad de operar en áreas remotas podría **expandir el acceso a regiones**

subatendidas, mejorando la inclusión económica y la calidad de vida en comunidades rurales.

El camino a seguir

La integración de IA en el transporte de carga **definirá el futuro de la logística global**. La innovación continuará enfocándose en **mejorar la confiabilidad en condiciones complejas**, facilitar la **colaboración humano-IA**, y establecer **estándares de seguridad universales**.

El despliegue exitoso de sistemas de carga autónomos requerirá **colaboración continua entre la industria, investigadores, gobiernos y el público**. Al abordar los desafíos regulatorios, económicos y éticos con visión de futuro y coordinación, se puede liberar **el enorme potencial de la logística potenciada por IA**.

La transformación es compleja, pero la recompensa—una **cadena de suministro global más segura, rápida y sostenible** —vale cada esfuerzo. A medida que esta evolución avanza, **no solo remodelará la industria del transporte**, sino que **redefinirá cómo concebimos el movimiento de bienes en el siglo XXI**.

GESTIÓN DEL TRÁFICO IMPULSADA POR IA: OPTIMIZACIÓN DEL FLUJO Y REDUCCIÓN DE LA CONGESTIÓN

El poder transformador de la inteligencia artificial (IA) va más allá de los vehículos autónomos: está revolucionando la forma en que gestionamos el tráfico. Los sistemas de gestión del tráfico basados en IA están emergiendo como componentes esenciales de las ciudades inteligentes, ofreciendo un futuro en el que la congestión se minimiza, los tiempos de traslado se reducen y las redes de transporte operan con una eficiencia sin precedentes.

Estos sistemas aprovechan el aprendizaje automático y el análisis avanzado de datos para procesar grandes volúmenes de información en tiempo real, predecir patrones de tráfico, identificar cuellos de botella y ajustar dinámicamente los semáforos para optimizar el movimiento de vehículos en entornos urbanos.

De Señales Estáticas a Inteligencia Adaptativa

Imagina una ciudad donde los semáforos ya no sigan ciclos preprogramados rígidos, sino que se adapten de forma inteligente a las condiciones en tiempo real. Esta es la promesa de los sistemas de tráfico impulsados por IA. Al analizar datos provenientes de cámaras de tráfico, vehículos con GPS, sensores incrustados en las carreteras e incluso publicaciones en redes sociales, los sistemas de IA generan un mapa completo y actualizado del estado del tráfico.

Por ejemplo, durante las horas pico, un sistema con IA puede detectar un aumento en el volumen vehicular en una intersección principal. En lugar de seguir un ciclo fijo, puede extender dinámicamente la duración de la luz verde en las direcciones más congestionadas, reducir los tiempos muertos y equilibrar los flujos para prevenir embotellamientos. Estas adaptaciones reducen el consumo de combustible, acortan los tiempos de traslado y mejoran significativamente el flujo vehicular general.

Detección de Incidentes y Respuesta Rápida

La IA también desempeña un papel crucial en la detección y gestión de incidentes. Al analizar de forma continua los datos de cámaras y redes de sensores, la IA puede detectar rápidamente anomalías en el tráfico como accidentes, vehículos varados o retrasos por obras viales. Esto permite a las autoridades redirigir el tráfico, notificar a los servicios de emergencia e informar a los conductores mediante señalización digital o aplicaciones de navegación.

Este enfoque proactivo minimiza las interrupciones y reduce la probabilidad de accidentes secundarios causados por frenazos inesperados o confusión de los conductores.

Modelado Predictivo y Planificación de Infraestructura

Más allá de la gestión en tiempo real, la IA sobresale en la predicción de patrones de tráfico al analizar datos históricos, pronósticos del clima, calendarios de eventos públicos y comportamiento de búsqueda en línea. Este modelado predictivo permite a las ciudades prepararse para la congestión antes de que ocurra, optimizando el personal, la vigilancia y la configuración de señales con antelación.

Los modelos impulsados por IA también informan decisiones de infraestructura a largo plazo. Los planificadores urbanos pueden usar simulaciones de tráfico para determinar dónde agregar carriles, rediseñar intersecciones o priorizar inversiones en transporte público. En algunos casos, la IA ha ayudado a justificar el desarrollo de sistemas inteligentes de estacionamiento que guían a los conductores hacia espacios disponibles, reduciendo el tiempo perdido buscando dónde estacionarse, una causa importante de congestión.

Integración con Sistemas de Ciudades Inteligentes

La gestión del tráfico con IA no funciona de forma aislada. Cuando se integra con otras tecnologías de ciudad inteligente, su impacto se multiplica. Por ejemplo, al coordinarse con los horarios del transporte público, los sistemas de IA pueden dar prioridad de paso a autobuses y tranvías, mejorando su puntualidad y fomentando su uso.

Los sensores ambientales pueden alimentar datos a los modelos de tráfico para desviar vehículos de zonas con mala calidad del aire. Asimismo, plataformas de estacionamiento inteligente conectadas a los sistemas de tráfico pueden guiar a los vehículos de forma más eficiente, reduciendo aún más la congestión y las emisiones.

Estas tecnologías interconectadas forman la columna vertebral de los Sistemas Inteligentes de Transporte (ITS, por sus siglas en inglés), que buscan hacer la movilidad urbana más segura, ecológica y eficiente.

Desafíos de Implementación

A pesar de su promesa, la implementación de sistemas de tráfico impulsados por IA enfrenta desafíos importantes:

1. **Privacidad y Seguridad de los Datos**
   Los sistemas de IA a menudo dependen de datos sensibles de ubicación y comportamiento. Proteger la privacidad de los usuarios requiere cifrado sólido, anonimización de datos y políticas claras de gobernanza. La transparencia sobre cómo se recopilan y usan los datos es clave para mantener la confianza pública.

2. **Estandarización e Interoperabilidad**
   Diferentes agencias y proveedores pueden usar formatos de datos incompatibles, lo que dificulta la integración. Estandarizar los formatos de datos y los protocolos de comunicación es esencial para una operación fluida entre jurisdicciones y plataformas.

3. **Infraestructura Computacional**
   Procesar datos en tiempo real provenientes de miles de sensores y cámaras requiere una gran capacidad de cómputo. La infraestructura en la nube puede ser necesaria para garantizar escalabilidad y resiliencia, especialmente para sistemas que deben responder instantáneamente a cambios en los patrones de tráfico.

4. **Percepción Pública y Equidad**
   Existen preocupaciones de que estos sistemas beneficien más a ciertas áreas que a otras, generando desigualdad en la calidad del servicio. Las ciudades deben asegurarse de que las inversiones en sistemas de tráfico con IA se distribuyan equitativamente, beneficiando tanto a barrios marginados como a zonas privilegiadas.

Un Camino a Seguir

A pesar de estos obstáculos, los beneficios de la gestión del tráfico impulsada por IA son evidentes. Reducción de la congestión, viajes más rápidos, menos emisiones y mayor seguridad están al alcance. A medida que las ciudades siguen creciendo, la necesidad de soluciones de transporte eficientes y escalables se vuelve cada vez más urgente.

La IA ofrece un camino prometedor—no como una solución mágica, sino como una herramienta poderosa para construir ciudades más inteligentes y adaptativas. Con planificación cuidadosa, supervisión ética y participación ciudadana, la IA puede desempeñar un papel central en la reimaginación de la movilidad urbana para el siglo XXI.

TRANSPORTE AÉREO Y FERROVIARIO: EL PAPEL DE LA IA EN LA MEJORA DE LA SEGURIDAD Y LA EFICIENCIA

La revolución de los vehículos autónomos es solo una de las dimensiones del impacto transformador de la inteligencia artificial (IA) en el transporte. Igualmente significativa—aunque menos visible—es la evolución de la IA en los sistemas aéreos y ferroviarios. Estos sectores, fundamentales para la infraestructura nacional y el comercio global, están siendo transformados silenciosamente por tecnologías basadas en IA que prometen mayor seguridad, eficiencia operativa y una experiencia de usuario considerablemente mejorada.

IA en el Control del Tráfico Aéreo: De la Predicción a la Prevención

El control del tráfico aéreo (ATC, por sus siglas en inglés) es un dominio abrumado por la complejidad. Cada día, miles de vuelos cruzan el espacio aéreo global, requiriendo una coordinación impecable para evitar colisiones y mantener rutas eficientes. Aunque los sistemas tradicionales han funcionado notablemente bien, el aumento del tráfico aéreo está llevándolos al límite.

La IA ofrece una solución poderosa. Los algoritmos entrenados con décadas de datos históricos de vuelos, patrones meteorológicos e información de posicionamiento en tiempo real pueden procesar enormes volúmenes de datos mucho más rápido y con mayor precisión que los humanos. Estos sistemas ayudan a identificar posibles conflictos de vuelo, optimizar rutas y ajustar dinámicamente los horarios para minimizar retrasos y mejorar la seguridad.

Una de las aplicaciones más prometedoras es en la prevención de colisiones. La IA puede analizar trayectorias de vuelo en tiempo real, condiciones de viento y otras variables dinámicas para prever y evitar posibles conflictos. Estos modelos predictivos no solo alertan con anticipación a los controladores y pilotos, sino que también permiten una navegación más fluida en cielos congestionados.

La IA también respalda la gestión del flujo de tráfico aéreo, utilizando modelos predictivos para detectar cuellos de botella antes de que ocurran. Durante periodos de alta demanda o condiciones meteorológicas adversas, permite una reprogramación y redirección proactiva, reduciendo la congestión y manteniendo los vuelos a tiempo.

Además, la IA puede automatizar tareas rutinarias del ATC como el seguimiento de vuelos, la transferencia de aeronaves entre zonas de control y las comunicaciones con pilotos. Al encargarse de estas funciones repetitivas, libera a los controladores humanos para que se concentren en la toma de decisiones críticas, mejorando el rendimiento del sistema en general. Esta colaboración entre la IA y la experiencia humana asegura que no se comprometan ni la seguridad ni la eficiencia.

Necesidad de Transparencia y Seguridad

Integrar la IA en las operaciones del espacio aéreo presenta desafíos, particularmente en torno a la transparencia y la confiabilidad. En entornos críticos como el control aéreo, los operadores deben confiar en las recomendaciones de la IA y entender el razonamiento detrás de ellas. Por ello, la IA explicable (XAI) es esencial: los sistemas deben ofrecer sugerencias no solo precisas, sino también comprensibles.

Igualmente importante es la ciberseguridad. Cualquier compromiso en un sistema de ATC basado en IA podría tener consecuencias catastróficas. Estos sistemas deben estar rigurosamente protegidos contra intrusiones y manipulaciones, con protocolos estrictos de redundancia y capacidad de intervención manual.

IA en el Transporte Ferroviario: Predictiva, Preventiva y Centrada en el Usuario

En el transporte ferroviario, la IA está mejorando tanto la gestión de la infraestructura como los servicios al pasajero. Una de las aplicaciones más destacadas es el mantenimiento predictivo. Los sistemas de IA analizan continuamente datos en tiempo real de sensores en los trenes para monitorear variables como vibraciones, temperatura y presión. Al identificar anomalías tempranamente, los operadores pueden realizar mantenimiento preventivo, evitando averías y disrupciones en el servicio. Esto no solo mejora la seguridad, sino que también reduce costos y extiende la vida útil de los trenes.

Otro impacto importante está en la programación de trenes. Los algoritmos de IA pueden optimizar los horarios analizando proyecciones de demanda, disponibilidad de vías y necesidades de mantenimiento. A diferencia de los sistemas tradicionales, las plataformas con IA se adaptan en tiempo real, reasignando trenes durante horas pico, minimizando tiempos de espera e incluso redireccionando servicios para evitar retrasos. El resultado es una red ferroviaria más ágil y eficiente.

La experiencia del usuario también está siendo mejorada

mediante asistentes virtuales y chatbots impulsados por IA. Estos pueden proporcionar información en tiempo real sobre horarios, cambios de andén o interrupciones del servicio. Al mismo tiempo, los sistemas inteligentes de recomendación ofrecen alternativas de viaje durante demoras o sugerencias de compensación cuando corresponde. Las actualizaciones en tiempo real, ya sea a través de aplicaciones o pantallas en estaciones, mantienen informados a los pasajeros y reducen su frustración.

Desafíos de Implementación en Aire y Ferrocarril

Desplegar IA en sectores tan críticos para la seguridad requiere una infraestructura de datos robusta, procesamiento de alta velocidad y sistemas interoperables entre proveedores y agencias. Proteger la privacidad de los datos, ya sea de pasajeros o de sistemas operativos, es innegociable. Las plataformas de IA deben cumplir con estándares estrictos de ciberseguridad y contar con sistemas de respaldo en caso de fallos.

La explicabilidad también es vital en entornos ferroviarios donde decisiones—como redireccionar trenes o diagnosticar fallas mecánicas—deben ser comprensibles para los equipos de mantenimiento y despachadores. La confianza en las decisiones de la IA es clave para su adopción segura y eficaz.

Un Futuro de Movilidad Inteligente y Sin Fricciones

A pesar de los desafíos técnicos y éticos, la integración de la IA en los sistemas aéreos y ferroviarios representa un paso crítico hacia una infraestructura de transporte más inteligente y sostenible. Mayores niveles de seguridad, menos retrasos, mantenimiento más eficiente y mejores experiencias para los pasajeros están al alcance.

El camino por delante requerirá colaboración continua entre ingenieros, reguladores, autoridades de transporte y la ciudadanía. Las inversiones en plataformas de datos seguras, capacitación y estándares intersectoriales serán clave para escalar estas innovaciones de forma segura y equitativa.

A medida que los sistemas de IA se vuelvan más sofisticados y confiables, no sustituirán la supervisión humana, sino que extenderán enormemente su alcance y precisión. Desde aeropuertos congestionados hasta extensas redes ferroviarias, la IA está permitiendo silenciosamente un futuro donde viajar será no solo más eficiente, sino también más seguro, más inteligente y más humano.

SEGURIDAD Y REGULACIÓN: ABORDANDO LOS DESAFÍOS DE LOS SISTEMAS AUTÓNOMOS

El potencial transformador del transporte autónomo es innegable, ofreciendo la promesa de una movilidad más segura, eficiente y conveniente. Sin embargo, la adopción generalizada de estos sistemas depende de nuestra capacidad para enfrentar desafíos críticos de seguridad y regulación. Para que los sistemas autónomos ganen la confianza del público y sean aceptados socialmente, no solo deben demostrar su solidez tecnológica, sino también estar sujetos a una supervisión rigurosa y a estándares éticos claros. Enfrentar este reto requiere una estrategia integral que incluya protocolos de seguridad sólidos, una regulación proactiva y una comunicación transparente con la sociedad.

La Seguridad como Principio Fundamental

Garantizar la seguridad de los vehículos autónomos es una de las prioridades más urgentes. A diferencia de los conductores humanos, los sistemas autónomos carecen de intuición y juicio emocional, cualidades que muchas veces juegan un papel clave en la navegación de situaciones impredecibles en el mundo real. Los accidentes que involucran vehículos autónomos, incluso cuando son causados por otros conductores humanos, pueden minar la confianza pública y evidenciar vulnerabilidades del sistema.

Para contrarrestar esto, las pruebas de seguridad deben ir más allá de las simulaciones de choque convencionales. Los vehículos autónomos deben evaluarse en una amplia gama de condiciones, incluyendo climas adversos, intersecciones urbanas complejas, entornos rurales y escenarios con comportamientos erráticos de peatones u otros conductores. Estas pruebas deben incluir entornos estandarizados de simulación y pilotos en el mundo real, verificados por evaluadores independientes. La armonización global de los estándares de seguridad también será crucial para garantizar la coherencia entre jurisdicciones y generar confianza internacional.

Igualmente importante es garantizar la redundancia en los sistemas autónomos. Componentes clave como los módulos de percepción, los sistemas de frenado y los controles de dirección deben contar con funciones de respaldo. Estas redundancias deben ser verificadas de manera independiente para prevenir fallas en cascada ante una posible avería del sistema.

Infraestructura para una Integración Segura

El éxito de los sistemas autónomos no depende exclusivamente de los vehículos. Su integración segura requiere una infraestructura inteligente y receptiva. Esto incluye mapas de alta definición para localización precisa, sistemas de comunicación confiables para interacción vehículo-infraestructura (V2I) y vehículo-vehículo (V2V), y sensores ambientales integrados para monitorear condiciones en tiempo real.

La inversión en infraestructura inteligente es fundamental. Una señal GPS débil, marcas viales deterioradas o la falta de sistemas V2I pueden comprometer la navegación y la toma de decisiones. Sin este ecosistema de apoyo, incluso los vehículos autónomos más avanzados pueden operar de forma poco confiable o insegura.

Evolución Regulatoria y Claridad Legal

La mayoría de las leyes de tránsito actuales asumen que hay un conductor humano al volante. Como resultado, muchas normativas existentes son insuficientes o incompatibles con el funcionamiento de los sistemas autónomos. Se deben desarrollar nuevos marcos legales para definir cuestiones clave como:

- La responsabilidad en caso de accidente
- Normas sobre recopilación y privacidad de datos
- Requisitos de ciberseguridad y procedimientos de auditoría
- Procesos de certificación para el despliegue de vehículos autónomos

Estas regulaciones deben estar coordinadas a nivel internacional para evitar políticas fragmentadas que frenen la innovación o generen vacíos legales. Estructuras legales claras, adaptables y transparentes son esenciales tanto para la innovación como para la protección del público.

Transparencia y Participación Pública

La construcción de confianza en el transporte autónomo depende de la apertura y la comunicación. Los desarrolladores y reguladores deben comunicar claramente las capacidades y limitaciones de estos sistemas. Esto incluye cómo se toman decisiones en casos límite, cómo se utiliza y protege la información personal, y cómo se abordan los dilemas éticos.

Las iniciativas de datos abiertos—donde los datos de prueba se anonimizan y se ponen a disposición del público—pueden aumentar la responsabilidad y permitir que investigadores y periodistas evalúen de forma independiente la seguridad y el rendimiento. De igual forma, la inteligencia artificial explicable (XAI) es fundamental. Usuarios, reguladores e investigadores de accidentes deben poder entender cómo un sistema autónomo tomó una decisión, especialmente cuando está en juego la seguridad.

Consideraciones Éticas e Inclusión Social

Uno de los desafíos más complejos en la regulación de los sistemas autónomos es codificar principios éticos en máquinas. En escenarios inevitables de accidente, el vehículo podría necesitar priorizar la minimización del daño. ¿Cómo se programan esas decisiones? ¿Quién define la jerarquía de valores involucrada?

Estas decisiones no deben quedar solo en manos de los desarrolladores. Es necesaria una colaboración multidisciplinaria que incluya a éticos, legisladores y actores sociales. Los valores sociales deben reflejarse en el diseño de los algoritmos, y la participación pública debe moldear los límites éticos dentro de los cuales operan los sistemas autónomos.

Ciberseguridad e Integridad del Sistema

La naturaleza intensiva en software de los sistemas autónomos los convierte en objetivos atractivos para ciberataques. Un vehículo comprometido podría ser manipulado de forma remota, representando riesgos graves para los pasajeros y el público. Asegurar la integridad del sistema requiere:

- Comunicación cifrada entre los sistemas del vehículo
- Pruebas continuas de vulnerabilidad y actualizaciones de software

- Vías de comunicación redundantes y protocolos de apagado de emergencia

- Auditorías obligatorias de ciberseguridad en toda la cadena de suministro

La ciberseguridad no es opcional, es fundamental para la seguridad pública y la confianza en la movilidad autónoma.

Impacto Económico y Transición Laboral

Los sistemas autónomos probablemente desplazarán a un gran número de trabajadores en sectores como transporte de carga, taxis y servicios de entrega. Se necesita una respuesta proactiva para gestionar esta disrupción económica. Los responsables políticos deben invertir en programas de recapacitación y mejora de habilidades, apoyar la transición hacia industrias relacionadas (como mantenimiento de robótica o gestión logística) y considerar apoyos temporales a los ingresos para los trabajadores desplazados.

Al mismo tiempo, el acceso al transporte autónomo debe ser equitativo. Las comunidades urbanas y rurales por igual deben beneficiarse de las eficiencias que estas tecnologías ofrecen. Esto requiere políticas inclusivas, subsidios para zonas marginadas y esfuerzos para garantizar la asequibilidad.

Un Camino a Seguir

El transporte autónomo ya no es un concepto futurista, es una realidad emergente. Pero su éxito depende de mucho más que el desempeño técnico. Debemos garantizar la seguridad, aclarar la normativa, abordar la complejidad ética y construir sistemas en los que el público confíe.

A través de una planificación colaborativa, una regulación adaptable y una comunicación transparente, podemos construir un futuro del transporte que sea no solo más inteligente, sino también más justo, resiliente e inclusivo. El objetivo no es simplemente fabricar máquinas que se conduzcan solas, sino diseñar un sistema que sirva mejor a las personas que lo utilizan.

ADAPTARSE AL CAMBIO: DESARROLLAR HABILIDADES A PRUEBA DEL FUTURO

Las secciones anteriores exploraron la influencia transformadora de la inteligencia artificial (IA) y la importancia de desarrollar una alfabetización digital sólida. Pero comprender cómo la IA está cambiando el mundo es solo una parte de la ecuación. Para prosperar verdaderamente en este nuevo panorama, debemos adaptarnos activamente—cultivando habilidades que sigan siendo valiosas y relevantes en un futuro impulsado por la inteligencia artificial. No se trata de temer a la automatización, sino de aprovecharla para potenciar la creatividad, la productividad y la resiliencia humanas. Se trata de volverse a prueba del futuro.

Adaptabilidad: La Base de la Preparación para el Futuro

En una era de cambios tecnológicos acelerados, la adaptabilidad es esencial. Las habilidades que hoy tienen valor pueden quedar obsoletas mañana. Por eso, el aprendizaje continuo ya no es opcional, es un requisito para tener longevidad profesional y crecimiento personal.

Adoptar una mentalidad de crecimiento—la creencia de que las habilidades e inteligencia pueden desarrollarse con esfuerzo—fomenta esta adaptabilidad. Busca oportunidades para aprender a través de cursos en línea, talleres, libros o exploraciones informales. La curiosidad y la experimentación son herramientas poderosas. Incluso los fracasos se convierten en peldaños cuando se enfrentan con una mentalidad de aprendizaje.

Pensamiento Crítico en la Era de los Algoritmos

A medida que la IA se integra cada vez más en nuestra vida diaria, el pensamiento crítico se vuelve aún más importante. Aunque los sistemas de IA pueden procesar información a gran velocidad, no son inmunes a errores, sesgos o datos defectuosos.

Desarrollar pensamiento crítico implica cuestionar suposiciones, reconocer patrones de sesgo y distinguir hechos de opiniones. Es comprender los límites de la IA y saber cuándo se requiere juicio humano. Esta capacidad de discernimiento es esencial en un mundo donde la desinformación se propaga rápidamente y la tecnología tiene una influencia cada vez más profunda.

Resolución de Problemas: Una Superpotencia Humana

Aunque la IA puede automatizar muchas tareas, la resolución de problemas complejos sigue siendo eminentemente humana. La capacidad de identificar problemas, explorar múltiples soluciones y adaptar ideas a circunstancias cambiantes es una habilidad que la IA puede apoyar, pero no reemplazar.

Resolver problemas de forma creativa requiere tanto lógica como imaginación. Se trata de pensar de forma lateral, probar nuevos enfoques y aprender del proceso iterativo. En un mundo impredecible, esta flexibilidad e inventiva se vuelven cada vez más valiosas.

Creatividad e Innovación: Aliados de la IA

Algunas personas temen que la IA supere la creatividad humana, pero el futuro más probable es uno de colaboración, no de competencia. Las herramientas de IA pueden inspirar, asistir y ampliar los procesos creativos en la escritura, el diseño, la música y más.

La creatividad y la innovación van más allá del arte; se trata de generar nuevas ideas, explorar posibilidades y desafiar lo establecido. A medida que la IA se encarga de tareas rutinarias, el pensamiento creativo se convierte en una de las habilidades humanas más buscadas.

Comunicación y Colaboración en un Mundo Digital

En un entorno laboral potenciado por la IA, las habilidades de comunicación y colaboración son indispensables. Ya sea trabajando entre departamentos o culturas, la capacidad de expresar ideas con claridad, escuchar activamente y generar confianza sigue siendo crucial.

Comunicar sobre tecnología—especialmente sus implicaciones —requiere claridad y empatía. También implica colaborar en equipos interdisciinarios, a menudo junto con sistemas de IA o herramientas centradas en datos. La colaboración implicará cada vez más interacciones humano-IA tanto como humano-humano.

Habilidades Técnicas Complementarias

Aunque no todos necesitan convertirse en desarrolladores de IA, la alfabetización técnica puede mejorar enormemente tus perspectivas profesionales. Las habilidades en ciencia de datos, ciberseguridad, ética de la IA e interacción humano-IA estarán en alta demanda.

En lugar de competir con la IA, busca complementarla. Aprende a interpretar y visualizar datos, identificar sesgos algorítmicos o utilizar herramientas de IA sin necesidad de programación.

Estas capacidades híbridas—fluidez técnica combinada con experiencia en un área—serán una gran ventaja competitiva.

Inteligencia Emocional: La Ventaja Humana

A medida que la automatización avanza, la inteligencia emocional (IE) sigue siendo una fortaleza exclusivamente humana. Comprender las emociones de los demás, gestionar las propias y construir relaciones empáticas será vital en sectores como la salud, la educación, la gestión y el servicio al cliente.

La IA no puede replicar la empatía auténtica. La compasión, la escucha activa y la sensibilidad interpersonal son insustituibles en los ámbitos donde la conexión humana es lo más importante.

Alfabetización Digital y de Datos

Sentirse cómodo con la tecnología va mucho más allá de saber usar aplicaciones. La alfabetización digital implica comprender cómo las herramientas digitales afectan la privacidad, el comportamiento, la comunicación y la sociedad. También incluye estar consciente de cómo los algoritmos moldean nuestra experiencia en línea y qué medidas de protección son necesarias.

De igual forma, la alfabetización de datos—la capacidad de interpretar, analizar y actuar con base en información—se está convirtiendo en una habilidad laboral esencial. A medida que la IA genera volúmenes crecientes de datos, quienes sepan extraer valor de esa información tendrán una ventaja estratégica.

Aprendizaje Permanente y Adaptación Profesional

Para blindar tu carrera ante el futuro, comprométete con el aprendizaje permanente. Mantente al día con las tecnologías emergentes. Usa plataformas como Coursera, LinkedIn Learning, edX o Udemy para adquirir nuevas habilidades con regularidad. Asiste a seminarios web, escucha pódcast del sector y sigue a líderes de opinión en tu área.

Únete a comunidades profesionales, encuentra mentores y

participa en eventos que te mantengan conectado con los cambios del sector. El networking no solo sirve para encontrar tu próximo empleo—también es clave para mantener tu pensamiento fresco y tu mentalidad abierta al cambio.

Convertirse en Co-Creador del Futuro

En última instancia, desarrollar habilidades a prueba del futuro consiste en tomar las riendas de tu camino en un mundo en constante transformación. Significa pasar de ser un espectador pasivo a un participante activo. Significa moldear tu relación con la IA no desde el miedo, sino desde la confianza y la curiosidad.

Estamos entrando en una era en la que las personas más valiosas no serán las que resistan el cambio, sino las que se adapten con agilidad, lideren con empatía y creen valor junto a las máquinas inteligentes.

El futuro no es algo que debamos temer. Es algo que podemos moldear—con nuestras habilidades, nuestra mentalidad y nuestra disposición a crecer.

ADOPTAR LA IA: APROVECHAR SU PODER PARA EL CRECIMIENTO PERSONAL Y PROFESIONAL

Adoptar el potencial de la inteligencia artificial no se trata de temer la pérdida de empleos, sino de reconocer las increíbles oportunidades que la IA abre para el desarrollo personal y profesional. La IA no es un reemplazo de la creatividad humana; es una herramienta poderosa que la amplifica. Con el enfoque adecuado, la IA no es una amenaza, sino un catalizador del crecimiento.

Impulsar la Productividad con la IA

Comienza por considerar cómo la IA puede potenciar tu productividad. Muchas de las tareas repetitivas que consumen tu tiempo—agendar reuniones, gestionar correos electrónicos, redactar documentos rutinarios—pueden ser ahora automatizadas o asistidas por IA. Herramientas como filtros inteligentes de correo, asistentes de calendario y programas de redacción con IA te permiten enfocarte en tareas de alto valor como la resolución de problemas, la planificación y el pensamiento creativo.

Por ejemplo, en lugar de revisar cientos de correos electrónicos, un asistente de IA puede priorizar mensajes, señalar conversaciones importantes e incluso sugerir respuestas a consultas comunes. Esto te libera tiempo para fortalecer relaciones, resolver desafíos complejos o desarrollar iniciativas estratégicas.

Mejorar la Colaboración y el Trabajo en Equipo

La IA también transforma la forma en que colaboramos y trabajamos en equipo. Las plataformas de gestión de proyectos ahora utilizan IA para monitorear el progreso, detectar cuellos de botella y sugerir asignaciones óptimas de tareas según la capacidad del equipo. Las herramientas de comunicación pueden traducir automáticamente entre idiomas, resumir discusiones y detectar posibles malentendidos.

En la práctica, los equipos de marketing usan IA para personalizar campañas analizando el comportamiento del consumidor. Los ingenieros emplean algoritmos predictivos para identificar necesidades de mantenimiento antes de que ocurran fallas. Los diseñadores generan múltiples conceptos en segundos con herramientas de visualización asistida por IA. En todos los sectores, la IA mejora el desempeño de los equipos, no los reemplaza.

Mejorar la Vida Cotidiana con Herramientas Inteligentes

Fuera del trabajo, la IA puede mejorar el bienestar personal y liberar tiempo valioso. Los relojes inteligentes ofrecen sugerencias personalizadas de entrenamiento. Los sistemas de casa inteligente ajustan la iluminación, temperatura o consumo de energía según tus hábitos. Las aplicaciones de aprendizaje de idiomas se adaptan a tu ritmo y estilo, haciendo la educación más eficiente y agradable.

Estas herramientas reducen el estrés, optimizan rutinas y crean más espacio en tu vida para relaciones, pasatiempos y desarrollo personal.

Elegir las Herramientas Adecuadas con Intención

Aprovechar la IA de manera efectiva empieza con una mentalidad estratégica. No adoptes cada nueva herramienta indiscriminadamente. En su lugar, identifica las áreas donde la automatización o la asistencia con IA generarían el mayor impacto. Enfócate en tareas que consumen mucho tiempo, son repetitivas o demandan análisis intensivo de datos.

Evalúa las herramientas de IA en función de tus objetivos específicos. Considera factores como facilidad de uso, integración con tus sistemas actuales, costo, privacidad y soporte a largo plazo. Da prioridad a soluciones que mejoren tu trabajo, en lugar de intentar reemplazarlo por completo. El objetivo es trabajar de forma más inteligente, no más difícil.

Entender las Capacidades—y Límites—de la IA

Aunque la IA es poderosa, no es infalible. Los sistemas de IA son tan buenos como los datos con los que fueron entrenados. Si esos datos están sesgados o incompletos, el sistema puede producir resultados inexactos o injustos. Por eso es esencial mantener el pensamiento crítico y la supervisión humana.

Siempre que sea posible, verifica los resultados generados por IA, especialmente cuando se trate de decisiones importantes. Comprende cómo funciona el sistema y cuestiona cualquier resultado que parezca incorrecto. Un humano bien informado sigue siendo un filtro necesario para los análisis generados por máquinas.

Comprometerse con el Aprendizaje Permanente

La tecnología evoluciona rápidamente. Mantenerse al día requiere un compromiso con el aprendizaje continuo. Toma cursos en línea en áreas como ciencia de datos, ética de la IA o aprendizaje automático. Participa en seminarios web o talleres. Explora cómo las herramientas emergentes se aplican a tu industria o intereses.

Al actualizar tus habilidades constantemente y mantenerte involucrado con los avances, te mantendrás competitivo, informado y adaptable en un mundo impulsado por la IA.

Fortalecer Habilidades Profesionales con IA

La IA puede ayudarte a perfeccionar tu conjunto de habilidades profesionales. Los redactores pueden usar IA para mejorar gramática y estilo, o incluso para generar ideas de contenido. Los diseñadores pueden acelerar su flujo de trabajo con generadores de imágenes y herramientas de maquetación asistidas por IA. Los gerentes pueden coordinar equipos y hacer seguimiento del rendimiento con paneles de control inteligentes.

Independientemente de tu rol, es probable que exista una aplicación de IA que amplifique tu impacto. Identifica dónde podrías beneficiarte de asistencia y explora herramientas diseñadas para esas necesidades.

Aprender con—y de—Tu Comunidad

Tu viaje con la IA no tiene que ser solitario. Únete a foros, grupos profesionales o conferencias del sector. Compartir experiencias, hacer preguntas y colaborar con otros fortalecerá tu comprensión y te mantendrá motivado.

Conectarte con otras personas impulsa la innovación compartida y te ayuda a mantenerte actualizado a medida que las herramientas y mejores prácticas evolucionan.

Mantener la Ética en el Centro

A medida que la IA se vuelve más omnipresente, las consideraciones éticas deben formar parte de tu enfoque. Sé consciente de cómo se recopilan y utilizan los datos. Comprende los problemas relacionados con el sesgo algorítmico, la vigilancia y la desinformación.

Usa la IA de forma responsable, defiende la equidad y la transparencia, y apoya tecnologías alineadas con tus valores. La ética no es solo un tema de cumplimiento, es fundamental para construir sistemas confiables y sostenibles.

Las Habilidades Blandas Siguen Siendo Esenciales

No importa cuánto avance la IA, las habilidades blandas siguen siendo esenciales. La comunicación, la inteligencia emocional, la empatía y el trabajo en equipo son cualidades que las máquinas no pueden replicar. Estas habilidades humanas definirán tu capacidad de liderar, colaborar y dejar un impacto duradero en cualquier campo.

La IA puede procesar datos, pero son las personas quienes le dan contexto, propósito y significado.

Comienza en Pequeño y Avanza Estratégicamente

No necesitas convertirte en experto en IA de la noche a la mañana. Comienza probando una o dos herramientas que realmente te interesen. Observa el impacto en tu flujo de trabajo, luego ajusta y expande tu estrategia según sea necesario. Integrar la IA es un proceso gradual—una evolución, no una carrera.

La clave es mantenerte proactivo, curioso y abierto a nuevas formas de pensar. Con esta mentalidad, la IA se convierte en una aliada para alcanzar tus objetivos, no en un obstáculo para ellos.

LISTA DE VERIFICACIÓN PARA EL FUTURO: UNA GUÍA PASO A PASO PARA PREPARARTE PARA LA ERA DE LA INTELIGENCIA ARTIFICIAL

Los capítulos anteriores enfatizaron la importancia del desarrollo ético de la inteligencia artificial (IA) y la necesidad de una participación activa a nivel individual. Pero, ¿qué significa en términos prácticos estar "preparado" para la era de la IA? ¿Cómo puedes anticiparte proactivamente a un mundo cada vez más impulsado por la inteligencia artificial? Este capítulo te ofrece una lista de verificación concreta, con diez pasos clave para no solo adaptarte al cambio, sino prosperar en medio de él.

Paso 1: Comprende los Fundamentos de la IA

Antes de navegar hacia el futuro, necesitas entender el presente. Tener una base sólida sobre qué es la IA—sus conceptos clave, cómo funciona y en qué áreas se aplica—es esencial. Afortunadamente, no necesitas un título en informática. Existen recursos accesibles y gratuitos, como cursos en plataformas como Coursera y edX, documentales, pódcasts y libros introductorios.

Familiarízate con términos como *machine learning*, *deep learning*, redes neuronales y algoritmos. Comprende la diferencia entre IA estrecha (para tareas específicas) y la IA general (aún teórica, con inteligencia a nivel humano). Esta base te permitirá evaluar con criterio las noticias, herramientas emergentes y sus implicaciones sociales.

Paso 2: Identifica Dónde Ya Existe la IA en tu Vida

La IA no es un concepto futurista—ya está presente en tu vida cotidiana. Desde los algoritmos de recomendación en plataformas de streaming hasta el texto predictivo en tu celular o el reconocimiento facial que desbloquea tu dispositivo, la IA ya está moldeando tu experiencia.

Haz un inventario de los servicios y herramientas que usas que integran IA. Reflexiona sobre cómo influyen en tus decisiones, hábitos o incluso en tus opiniones. ¿Están reforzando ciertos sesgos? ¿Son realmente útiles o resultan intrusivos? Esta consciencia te convertirá en un usuario más informado y empoderado.

Paso 3: Desarrolla Alfabetización en IA

La alfabetización en IA va más allá del conocimiento técnico: se trata de ser crítico e informado. Aprende a identificar contenido engañoso o manipulado generado por IA, como los *deepfakes* o titulares diseñados por modelos generativos.

Practica la verificación de información usando fuentes confiables. Comprende cómo funcionan los algoritmos, en qué datos se entrenan y cómo puede introducirse el sesgo. Esta perspectiva te permitirá identificar desinformación y fomentar un consumo responsable de medios.

Paso 4: Adopta el Aprendizaje Permanente

El panorama de la IA cambia rápidamente. La educación continua no es opcional—es indispensable. Sigue medios confiables sobre IA, suscríbete a boletines de líderes de opinión, y toma cursos cortos en áreas como ética de datos, IA y sociedad, o automatización en el trabajo.

El aprendizaje constante fomenta tu adaptabilidad y mantiene tus habilidades actualizadas, ya sea que busques mejorar tu puesto actual o prepararte para nuevas oportunidades.

Paso 5: Fortalece tu Pensamiento Crítico

El pensamiento crítico es una habilidad a prueba del tiempo. La IA puede automatizar el análisis de datos y generar contenido, pero solo los humanos pueden interpretar, cuestionar y dar contexto.

No aceptes información—ni las herramientas de IA—sin análisis. Examina las fuentes de datos. Pregunta si el sistema sirve al bien público o solo a intereses comerciales. Cuestiona los supuestos integrados en los algoritmos y exige múltiples perspectivas antes de aceptar cualquier afirmación.

Paso 6: Explora Herramientas de IA para Impulsar tu Productividad y Creatividad

Las herramientas de IA pueden ser grandes aliadas. Desde asistentes de redacción y generadores de código hasta plataformas de diseño gráfico y gestión de proyectos, explora tecnologías que se alineen con tus metas personales y profesionales.

Prueba herramientas como ChatGPT para lluvia de ideas o corrección de textos, Midjourney para creatividad visual, o plataformas de investigación impulsadas por IA. Aprende no solo a usarlas, sino a usarlas con responsabilidad y eficacia.

Paso 7: Participa en Conversaciones Éticas sobre IA

Las implicaciones éticas de la IA son amplias: sesgo, privacidad, vigilancia, desplazamiento laboral y más. Comienza a involucrarte con estos temas. Únete a comunidades en línea, asiste a seminarios web o participa en talleres locales enfocados en ética de la IA.

Contribuir al debate—sea de manera informal o profesional— ayuda a moldear la dirección de la innovación. El objetivo no es ser experto, sino un participante informado en la conversación pública.

Paso 8: Aboga por una IA Responsable
No necesitas una gran plataforma para generar impacto. La defensa puede tomar muchas formas: contactar a legisladores, apoyar organizaciones tecnológicas éticas, o simplemente concientizar en tus círculos sociales y profesionales.

Apoya la transparencia en las decisiones algorítmicas, exige protecciones de privacidad y promueve supervisión donde haga falta. Cada voz suma impulso al movimiento por un futuro de IA más justo y equitativo.

Paso 9: Acepta el Cambio y Mantente Adaptable
La IA está transformando el trabajo, y algunos roles serán automatizados. Pero también están surgiendo nuevas oportunidades. Prepárate para pivotar, aprender nuevas habilidades y reinventar tu trayectoria profesional.

Ya sea que trabajes en salud, educación, mercadotecnia o logística, identifica nuevas herramientas y roles que se alineen con tu experiencia. Desarrolla habilidades orientadas al futuro como interpretación de datos, alfabetización digital y colaboración con sistemas inteligentes.

Paso 10: Mantente Informado y Comprometido
La conversación sobre IA apenas comienza. Mantente conectado

con los desarrollos clave—tanto técnicos como éticos. Sigue construyendo tu conocimiento, participa en el diálogo público y adapta tus prácticas con el tiempo.

Sigue a líderes de pensamiento en IA, lee investigaciones interdisciplinarias y únete a comunidades de práctica. Estar informado te hace resiliente; estar comprometido te hace influyente.

Una Lista Viva para la Era de la IA

Esta lista de verificación no está diseñada para completarse una vez y olvidarse. Es un documento vivo, una guía para el crecimiento continuo. La IA seguirá evolucionando, y nosotros también debemos hacerlo. Al adoptar el aprendizaje permanente, la conciencia crítica y el compromiso ético, te posicionas no solo para sobrevivir en la era de la IA, sino para liderarla.

Tu preparación para el futuro no es solo personal. Es parte de un movimiento colectivo hacia un futuro tecnológico más inteligente, inclusivo y responsable.

GLOSARIO DE TÉRMINOS Y HERRAMIENTAS CLAVE (ORDEN ALFABÉTICO)

Algoritmo: Conjunto de instrucciones o reglas que una computadora sigue para realizar una tarea específica. En IA, los algoritmos procesan datos para generar predicciones o decisiones.

Alfabetización Digital: Capacidad de usar y comprender herramientas digitales, sistemas y datos, incluyendo la identificación de desinformación y cuestiones éticas.

Aprendizaje Automático (Machine Learning): Rama de la IA que permite a las computadoras aprender patrones a partir de datos y mejorar con el tiempo sin ser programadas explícitamente.

Aprendizaje Profundo (Deep Learning): Subconjunto del aprendizaje automático que utiliza redes neuronales con muchas capas para analizar patrones complejos en los datos.

Bias (Sesgo Algorítmico): Error sistemático en un sistema de IA causado por datos prejuiciados o un diseño defectuoso, que puede conducir a resultados injustos o discriminatorios.

ChatGPT: Modelo de lenguaje impulsado por IA, desarrollado por OpenAI, que genera texto similar al humano, responde preguntas y asiste en tareas de escritura.

Ciudad Inteligente (Smart City): Área urbana que utiliza tecnologías conectadas e inteligencia artificial para mejorar la infraestructura, servicios públicos, gestión del tráfico y sostenibilidad.

Ciencia de Datos: Campo que utiliza métodos científicos, algoritmos y sistemas para extraer conocimiento e información útil de datos estructurados y no estructurados.

Computación en la Nube: Prestación de servicios informáticos (como almacenamiento, bases de datos y herramientas de IA) a través de internet, permitiendo acceso escalable y bajo demanda.

Coursera: Plataforma de aprendizaje en línea que ofrece cursos, certificaciones y títulos en una amplia variedad de temas, incluida la IA y la ciencia de datos.

Deepfake: Video o audio generado por IA que simula a personas reales, utilizado con frecuencia en campañas de desinformación.

GitHub Copilot: Herramienta de autocompletado de código impulsada por IA, desarrollada por GitHub y OpenAI, que sugiere código en tiempo real a los desarrolladores.

Grammarly: Asistente de escritura basado en IA que ayuda a mejorar la gramática, claridad, tono y estilo en textos escritos.

IA (Inteligencia Artificial): Campo de la informática enfocado en crear máquinas capaces de realizar tareas que normalmente requieren inteligencia humana, como aprender, resolver problemas y tomar decisiones.

IA Explicable (XAI): Campo de la inteligencia artificial enfocado en hacer que los procesos de toma de decisiones de los sistemas sean comprensibles y transparentes para los humanos.

Lidar (Detección y Rango por Luz): Tecnología de sensores utilizada en vehículos autónomos que mide distancias y mapea el entorno usando pulsos de luz láser.

Midjourney: Herramienta de generación de imágenes por IA que funciona a través de Discord y permite a los usuarios crear ilustraciones a partir de indicaciones de texto.

Neural Network (Red Neuronal): Modelo de aprendizaje automático inspirado en el cerebro humano, compuesto por nodos interconectados ("neuronas") que procesan información.

OpenAI: Compañía líder en investigación y desarrollo de inteligencia artificial comprometida con asegurar que la IA general beneficie a toda la humanidad.

Path Planning (Planificación de Ruta): En vehículos autónomos, es el proceso de seleccionar la ruta óptima desde un punto de inicio hasta un destino.

Pensamiento Crítico: Proceso de analizar y evaluar información de forma disciplinada y reflexiva. En el contexto de la IA, permite evaluar resultados algorítmicos e identificar sesgos.

Privacidad de Datos: Protección de la información personal contra accesos, usos o divulgaciones no autorizadas, especialmente relevante en sistemas de IA que utilizan grandes conjuntos de datos.

ProWritingAid: Herramienta de escritura asistida por IA que ofrece sugerencias para mejorar gramática, claridad, estructura y legibilidad.

Radar (Detección y Rango por Radio): Sistema de detección que utiliza ondas de radio para determinar la ubicación, velocidad y dirección de objetos, común en vehículos autónomos.

Red Neuronal Convolucional (CNN): Tipo de modelo de aprendizaje profundo especialmente eficaz en el reconocimiento y procesamiento de imágenes.

Red Neuronal Recurrente (RNN): Tipo de red neuronal diseñada para reconocer patrones en secuencias de datos, como texto o información temporal.

Sensor Ultrasónico: Sensor que mide distancias utilizando ondas sonoras, comúnmente usado en vehículos para detectar objetos a corta distancia, como en sistemas de asistencia de estacionamiento.

Sistema de Gestión del Tráfico: Infraestructura digital, a menudo impulsada por IA, diseñada para monitorear, predecir y regular el flujo de vehículos en entornos urbanos.

Tabnine: Asistente de codificación basado en IA que ayuda a los desarrolladores de software con autocompletado y sugerencias en tiempo real.

Transparencia: En ética de IA, principio según el cual los sistemas deben ser diseñados de manera que los usuarios puedan entender cómo se toman las decisiones y qué datos se utilizan.

Udacity: Plataforma de educación en línea que ofrece programas de nanogrado y cursos en temas técnicos como IA, programación y análisis de datos.

Vehículo Autónomo: Vehículo equipado con sistemas de IA y sensores que le permiten navegar y operar sin intervención directa de un humano.

AGRADECIMIENTOS

Antes que nada, quiero agradecer a mi esposa. Este libro no habría sido posible sin tu apoyo, paciencia y fe inquebrantable en lo que estamos construyendo juntos. En cada desvelo y cada giro creativo, estuviste a mi lado—no solo como compañera de vida, sino como una verdadera colaboradora en este proyecto. Trabajar contigo, tanto en lo profesional como en lo personal, me ha enseñado que la resiliencia, el amor y la visión pueden coexistir—y prosperar—aun en tiempos de incertidumbre.

A mi hijo: mi deseo es que, cuando crezcas y te enfrentes a un mundo aún más moldeado por la inteligencia artificial que el de hoy, este libro sea una guía. No solo para comprender la tecnología, sino para reconocer la responsabilidad que conlleva utilizarla. Espero que te ayude a hacer mejores preguntas, tomar decisiones conscientes y mantenerte siempre anclado en lo que realmente importa: la empatía, la ética y la conexión humana.

A mi familia, dispersa entre Estados Unidos y México: gracias por su ánimo, curiosidad y constante confianza en mi trabajo. Su apoyo me ha dado la libertad de arriesgarme y seguir este camino. Y a mis amigos: gracias por las conversaciones que me retaron, las ideas que encendieron nuevas direcciones y las risas que me mantuvieron en pie.

Este libro se construyó con investigación, reflexión y un amor profundo por el aprendizaje, pero se sostiene sobre los hombros de quienes me mantuvieron firme. Estoy agradecido más allá de las palabras.

—H.S.

AVISO LEGAL

La información presentada en este libro tiene fines exclusivamente educativos e informativos de carácter general. Si bien se ha hecho todo lo posible por garantizar la precisión, integridad y actualidad del contenido, los autores y editores no hacen declaraciones ni ofrecen garantías de ningún tipo, expresas o implícitas, sobre la confiabilidad, aplicabilidad o idoneidad de la información contenida en esta obra.

El campo de la inteligencia artificial y las tecnologías relacionadas evoluciona constantemente. Por lo tanto, es posible que parte de la información, herramientas o desarrollos mencionados en este libro cambien o queden desactualizados con el tiempo. Se recomienda a los lectores consultar fuentes adicionales y buscar asesoría profesional cuando sea apropiado, especialmente en asuntos legales, financieros, médicos o técnicos.

Ni el autor ni el editor serán responsables por cualquier pérdida, daño o perjuicio que supuestamente se derive del uso o mal uso de la información contenida en esta publicación. Todos los nombres de productos, programas, organizaciones y marcas registradas mencionados en este libro son propiedad de sus respectivos dueños y se utilizan únicamente con fines de identificación. Su inclusión no implica respaldo ni afiliación alguna.

Al leer este libro, usted acepta utilizar la información de manera responsable y entiende que se proporciona sin ningún tipo de garantía.

www.ingramcontent.com/pod-product-compliance
Lightning Source LLC
La Vergne TN
LVHW022307060326
832902LV00020B/3317